Vou te Dizer o que Penso

Joan Didion
Vou te Dizer o que Penso

Tradução
Mariana Delfini

Rio de Janeiro, 2023

Copyright © 2021 by Joan Didion.
Copyright da tradução © 2023 por Casa dos Livros Editora LTDA. Todos os direitos reservados.
Foreword copyright © 2021 by Hilton Als.

Título original: *Let Me Tell You What I Mean*

Todos os direitos desta publicação são reservados à Casa dos Livros Editora LTDA. Nenhuma parte desta obra pode ser apropriada e estocada em sistema de banco de dados ou processo similar, em qualquer forma ou meio, seja eletrônico, de fotocópia, gravação etc., sem a permissão do detentor do copyright.

Diretora editorial: *Raquel Cozer*
Gerente editorial: *Alice Mello*
Editora: *Lara Berruezo*
Editoras assistentes: *Anna Clara Gonçalves e Camila Carneiro*
Assistência editorial: *Yasmin Montebello*
Copidesque: *Thaís Lima*
Revisão: *Vanessa Sawada e Suelen Lopes*
Projeto original de capa: *Robert Anthony, Inc.*
Design de capa: *Túlio Cerquize*
Diagramação: *Abreu's System*

CIP-Brasil. Catalogação na Publicação
Sindicato Nacional dos Editores de Livros, RJ

Didion, Joan
 Vou te dizer o que penso / Joan Didion ; tradução Mariana Delfini – Rio de Janeiro, RJ: HarperCollins Brasil, 2023.

 Título original: Let me tell you what I mean
 ISBN 978-65-5511-473-7

 1. Didion, Joan, 1934-2021 2. Ensaios norte-americanos I. Título.

22-135719 CDD: 814

Inajara Pires de Souza - Bibliotecária - CRB-PR-001652/O

Os pontos de vista desta obra são de responsabilidade de seu autor, não refletindo necessariamente a posição da HarperCollins Brasil, da HarperCollins Publishers ou de sua equipe editorial.

HarperCollins Brasil é uma marca licenciada à Casa dos Livros Editora LTDA.
Todos os direitos reservados à Casa dos Livros Editora LTDA.
Rua da Quitanda, 86, sala 218 – Centro
Rio de Janeiro, RJ – CEP 20091-005
Tel.: (21) 3175-1030
www.harpercollins.com.br

Sumário

Prefácio	7
Alicia e a imprensa alternativa	29
Alcançando a serenidade	35
Uma viagem para Xanadu	40
Sobre não ter sido escolhida pela faculdade que você escolheu	45
Linda Nancy	51
Pais, filhos, Águias Gritantes	57
Por que escrevo	63
Contar histórias	74
Algumas mulheres	89
O corredor de longa distância	96
Últimas palavras	103
Todamulher.com	122

Prefácio

UMA CARACTERÍSTICA ímpar da não ficção de Joan Didion é que boa parte dela pode ser lida como ficção. Ou, para ser mais específico, ela tem a força metafórica da melhor ficção. Enquanto as gerações mais jovens podem ler a mestre como uma espécie de janela para os míticos anos 1960, ou para o Onze de Setembro, é impossível não ver igualmente como a análise de Didion do viés racial e dos Cinco do Central Park, de El Salvador da era Reagan, ou da violenta e presunçosa falta de cuidado de homens brancos que caracterizou o infame Spur Posse em Lakewood, na Califórnia, no início dos anos 1990, antecipou a política extremamente preocupante dos dias de hoje. E, ainda que a visionária Didion esteja com certeza em evidência em alguns de seus primeiros ensaios reunidos neste volume que traz doze textos inéditos em livro — ensaios que vão desde uma reportagem de 1968 sobre os Jogadores Anônimos até um elogio de Martha Stewart, publicado 32 anos depois —, o que torna esses trabalhos iniciais especialmente interessantes é a maneira como a perspectiva fria e mutável de Didion, hoje célebre, dá lugar a uma Didion cheia de opinião. Em "Alicia e a imprensa alternativa", de 1968:

Os únicos jornais norte-americanos que não me dão uma profunda convicção física de que o oxigênio do meu cérebro foi cortado, muito provavelmente com um grampo da Associated Press, são o *Wall Street Journal*, o *Free Press* de Los Angeles, o *Open City* de Los Angeles e o *East Village Other*. Digo isso não para me colocar como uma excêntrica divertida, perversa e eclética e, bom, descolada em tudo de que gosta; estou falando aqui de algo peculiar e que nos amortece: a incapacidade de todos nós de falar claramente uns com os outros, o fracasso dos jornais norte-americanos em "dar o recado".

Esse texto é excepcional por vários motivos; um deles, além do tom decididamente enfático e rabugento e dos tempos antigos evocados por títulos como *East Village Other*, é o fato de Didion esboçar uma espécie de *éthos* da escrita na sequência do texto.

Ela diz:

> O *Free Press*, o *EVO*, o *Berkeley Barb*, todos os outros jornais de formato tabloide que representam os interesses particulares dos jovens e dos desamparados: a sua virtude específica consiste em serem destituídos das posturas convencionais da imprensa, muitas das quais baseadas em uma "objetividade" bastante artificial. Não me entenda mal: admiro a objetividade, e inclusive a admiro muito, mas não consigo ver como se pode alcançá-la se o leitor não entende o viés individual do escritor. Pois fingir que o escritor não tem qualquer viés confere à aventura toda uma hipocrisia que nunca

contaminou o *Wall Street Journal* e ainda não contaminou a imprensa alternativa. Quando um escritor de um jornal alternativo apoia ou condena algo, ele com muita frequência o diz, no lugar de dizer o quê, quem, onde, quando e como.

É claro que parte do aspecto notável do trabalho de Didion está relacionada à recusa em fingir que não existe. Desde a época em que começou a escrever especificamente para o *Saturday Evening Post* — ela e o marido, John Gregory Dunne, dividiram uma coluna chamada "Points West" para a revista entre 1964 e 1969 —, até romances tardios magistrais, como *Democracia*, de 1984, Didion empunhou o personagem em primeira pessoa, o que equivale a dizer que o fez com a verdade e o ponto de vista que se aplicava a ela ou que, para ela, tinha apelo. Desde o início, a não ficção de Joan Didion se radicalizou pela rejeição à ideia de que o mundo possa ser filtrado pelos preceitos do jornalismo e desembocar do outro lado como "verdade". A sua não ficção narrativa é um questionamento sobre a verdade. E, se a sua não ficção é sinônimo de algo, diz Didion texto após texto, é da ideia de que a verdade é provisória e que a única coisa que a garante é quem você é no momento em que escreveu isso ou aquilo, e que as suas alegrias, os seus vieses e preconceitos também fazem parte da escrita. E, embora alguns desses textos tenham sido escritos por volta da época em que Didion publicou também algumas de suas reportagens merecidamente célebres — a coletânea histórica *Rastejando até Belém* saiu em 1968 —, foi a escrita de ficção que ensinou a Didion, acredito eu, como elaborar aquilo que a incomodava, temperando-o com humor e um suspiro seco de exasperação. Em romances como *Play It as It Lays*, dos anos 1970, e em sua obra-prima de 1977, *A Book of Common Prayer*, a intensidade juvenil foi substituída pela tolerância arrependida da mulher experiente que consegue criar protagonistas e narradores que assistiram a suas vidas irem por água abaixo ou não darem certo, ou algo nesse sentido. Didion, a romancista, ensinou Didion, a escritora de não ficção.

Ao ler o que alguém escreve em uma revista ou em um jornal conhecido, estamos na verdade lendo dois autores. Existe a pessoa que tem algo a dizer e a que tem que fazer esse algo caber. Em sua maioria, as colunas "Points West" tinham espaço limitado. Didion tinha menos de duas mil palavras para a coluna e tinha que usá-las para contar o que viu, sentiu, pensou, o que significa que às vezes ela usava o didatismo como ferramenta. E até mesmo nessas condições ela conseguia reparar alguma injustiça ideológica no próprio pensamento, sem dar as costas para o mistério. Se "Alcançando a serenidade" é explicitamente sobre pessoas que estão lutando contra o vício no jogo, o texto está repleto do desprezo implícito de Didion por tudo que soe como "autoajuda", ao lado do seu *éthos* californiano (também implícito) de "levanta, sacode a poeira, não reclame nem fique preso ao passado". "Não havia algo de errado" nas reuniões, ela escreve, "e, no entanto, havia alguma coisa não muito certa, alguma coisa perturbadora. De início, pensei que fosse apenas a predileção de muitos dos membros por ficar remoendo quão 'impotentes' eram". No fim, no entanto, Didion identifica o que tinha achado perturbador. Frank L., um dos jogadores sobre quem Didion escreve, está comemorando um ano de sobriedade com a família e os amigos. Há um bolo. "Não tem sido fácil", diz ele a todos que estão lá. "Mas nas últimas três, quatro semanas, nós conquistamos uma... *serenidade* em casa." Então:

Pronto, ele falou. Saí rápido de lá, antes que mais alguém dissesse "serenidade" de novo, pois eu associo essa palavra com morte, e por muitos dias depois dessa reunião eu só queria ficar em lugares bem-iluminados e onde ninguém contasse os dias.

Não era especialmente novo, em 1968, que um autor ficasse perturbado pela história que estava contando; Norman Mailer, um dos autores favoritos de Didion, havia publicado naquele mesmo ano *The Armies of the Night*, uma reportagem sobre o ativismo antiguerra em Washington e nas redondezas. Mas Mailer tinha narrado o livro como "Mailer", um personagem em terceira pessoa que, apesar da personalidade extravagante, estava a alguns passos de distância do material que manipulava. Nos primeiros ensaios reunidos aqui, Didion está dizendo que o "eu" de uma mulher — seu olhar, e seu eu — não precisava de qualquer um desses artifícios para contar uma história; Didion precisava era de uma situação que provocasse uma reação e lhe entregasse sua história, em todos os sentidos da palavra. A crise existencial que ela experimentou no fim de "Alcançando a serenidade" é um grande exemplo disso, e um grande exemplo de como a linguagem afeta o escritor que ama as palavras, mas que sabe como elas também podem nos perturbar. Quando comecei a ler Didion, em fins dos anos 1970, ficou claro para mim, depois de um tempo, que um dos seus grandes temas era a própria arte da escrita. Por que importava para ela, por que importaria para qualquer pessoa, e parte deste livro é justamente sobre a escrita como tema, a escrita como um estilo de vida. Ela fala muito sobre essa arte em seu ensaio de 1998 sobre Ernest Hemingway — alguns trechos dele parecem um autorretrato de Joan Didion.

A própria gramática de uma frase de Hemingway ditou, ou foi ditada, por uma certa maneira de olhar para o mundo, uma maneira de olhar, mas não de se juntar a ele, uma maneira de passar por ele, mas não de se prender, uma espécie de individualismo romântico claramente adaptado ao seu tempo e à sua origem.

Uma maneira de olhar, mas não de se juntar a ele [o mundo], *uma maneira de passar por ele, mas não de se prender* — são essas, com certeza, as qualidades que achei tão impressionantes na não ficção de Didion, mas o que afastou ainda mais a sua escrita do "individualismo romântico" de Hemingway, hoje muito datado, foi a mecânica ou a energia da escrita de Didion, que ela talvez chame de "brilho". E é essa energia ou brilho que joga uma espécie de luz terrível e linda em um mundo que vislumbramos, mas não queremos ver, um mundo no qual o perigo potencial é um dado empírico, o bicho-papão talvez seja seu pai e a esperança é uma defesa débil contra o pavor. De fato, a contribuição única de Didion para a não ficção contemporânea é uma queda pelo inquietante. Nesse ensaio de 1919 sobre o fenômeno, Freud escreve que o inquietante equivale e expressa "o que desperta angústia e horror". Mas o doutor observa, no mesmo texto, que "o termo não é usado sempre num sentido bem determinado, de modo que geralmente equivale ao angustiante".[1] Parte do brilhantismo de Didion não é tanto definir a ameaça ou o inquietante, mas mostrá-lo. Tome-se como exemplo a cena que guardo na memória desde que a li em *Rastejando até Belém*, a reportagem de 1967 de Didion sobre a cultura jovem e as drogas no distrito de Haight-Ashbury, em São Francisco. Certa tarde, a autora se vê sentada com alguns de seus personagens em Panhandle.

> Janis Joplin está cantando com o Big Brother [...] e quase todo mundo está doidão e é um belo domingo [...] e então Peter Berg aparece por lá. Ele está com a mulher e mais seis ou sete pessoas [...] e a primeira coisa estranha é que estão com o rosto pintado de preto.
>
> Comento com Max e Sharon que alguns membros do Mime Troupe parecem estar pintados de preto.
>
> "É teatro de rua", ela me garante. "Deve ser superlegal."
>
> Os atores se aproximam e noto neles outras peculiaridades. Para começar, estão dando tapinhas na cabeça das pessoas com cassetetes de plástico de brinquedo e, além disso, trazem uns cartazes nas costas que dizem: "Quantas

---

[1] "O inquietante". In: *Freud (1917-1920) — Obras completas volume 14*. Tradução de Paulo César de Souza. Rio de Janeiro: Companhia das Letras, 2010.

vezes já estupraram você, seu transviado sexual?", "Quem roubou a música do Chuck Berry?" e outras coisas assim.

Para completar, estão distribuindo folhetos da companhia de comunicação que dizem:

> & neste verão milhares de garotinhas descoladas
> não brancas e não suburbanas vão querer saber por
> que você abriu mão de tudo que elas não podem ter
> & como você se safa [...]

Mas lê o folheto e se levanta. "Tô sentindo *bad vibes*", ele diz, e ele e Sharon vão embora.

Preciso ficar por aqui porque estou procurando Otto, então ando até onde os caras do grupo de teatro formaram uma roda ao redor de um cara negro. Peter Berg está dizendo que, se alguém perguntar, aquilo é teatro de rua, e imagino que já abriram as cortinas porque, neste exato momento, estão dando uma surra de cassetete no negro. Eles batem, mostram os dentes, rebolam na ponta dos pés e depois aguardam.

"Estou começando a me aborrecer", diz o cara negro. "Vou me irritar."

A essa altura há vários outros caras negros em volta, lendo os cartazes e observando.

"Ah, é, tá começando a se aborrecer?", um dos atores diz. "Não acha que já era hora?" [...]

"Olha", o cara negro subiu o tom de voz. "Você está provocando, isso não está certo..."

"E você vai nos dizer o que está certo, pretinho?", diz a garota.[2]

Para o homem negro no centro deste drama específico, o horror que é impingido a ele e seu momento de diversão no parque é mais uma prova da "angústia e horror" que a cor de sua pele provoca no mundo branco. Ao lado, Didion não está agindo como normalmente age — um "eu" dominante. Diferente de outros escritores de não ficção que ela admira, Graham Greene entre eles, Didion não incorpora sua personalidade na cena; ela não consegue editorializar, ou não o faz, porque para ela os pesadelos dizem algo por si sós e o trabalho do escritor é estar desperto quando o pesadelo ou o inquietante se apresenta. Porque ele vai se apresentar. O *éthos* de Didion não está tão associado a uma escola, mas é um modo de ver específico de quem ela é, do mundo que a tornou quem ela é, um modo de ver que, em última análise, revela a escritora para si mesma.

Todos viemos de algum lugar. E o trabalho do artista é questionar os valores que fizeram parte da construção desse lugar. O que você também vai perceber na não ficção de Didion é como sua célebre clareza se torna ainda mais afiada quando a inquietação provoca fricções no banal, ou quando ela está na presença de corpos indefensáveis, como o homem no Panhandle. Quem vai protegê-lo? "A sociedade"? Didion nos mostra quanto a sociedade se importa ao recordar a linguagem autodefensiva, o que em última instância

---

[2] *Rastejando até Belém*. Tradução de Maria Cecilia Brandi. São Paulo: Todavia, 2021.

equivale a dizer a linguagem egoísta, de Haight — "Tô sentindo *bad vibes*" — como uma maneira de mostrar que é ínfima a responsabilidade que os jovens desejam tomar para si. (Apenas um ano depois da publicação do livro, Meredith Hunter, outro homem negro, foi morto pelo Hells Angel Alan Passaro durante o show gratuito dos Rolling Stones em Altamont.) Por que Joan Didion estava lá, para começo de conversa? "Não me interesso pelo caminho da moderação — talvez por estarem todos nele", disse Didion em uma entrevista de 1979 com a crítica Michiko Kakutani. "A racionalidade, o bom senso me deixam desnorteada [...] Muitas das histórias que cresci ouvindo tinham a ver com ações extremas — deixar tudo para trás, vaguear entre as ruínas daquilo que possuíram..."

Nos Estados Unidos em que Joan Didion, agora aos 86 anos de idade, foi criada — a Sacramento de classe média, protestante, republicana —, os códigos sociais eram fixos, inflexíveis. Ninguém se constrangia em público, e o que se podia dizer provavelmente era menos complicado do que aquilo que se pensava. A prosperidade pós-guerra era um dado empírico. Mas como ela havia sido alcançada era outra história. Sacramento foi construída em cima de um pântano; o vale dependia de doações do governo federal para crescer, e alguns cidadãos e empresas que se envolveram nessas transações tiveram lucro. Em resumo, Sacramento foi menos "descoberta" e mais construída.

Didion não sabia de nada disso enquanto crescia naquele lugar quente e seco no verão, chuvoso no inverno e no início da primavera, um jardim do Éden, com serpentes e tudo. Quando criança, ela recebeu uma alimentação à base de mitos — o mito do indivíduo durão, o da conquista do Oeste. A mãe de Didion, Eduene Jerrett, trabalhara como bibliotecária antes de se casar com Frank Didion, que sustentava a família com ocupações variadas, como oficial das Forças Armadas, vendedor de seguros, jogador e empreendedor imobiliário. Eduene era a parte mais comunicativa do casal e foi ela quem contou a Joan histórias que nutriram a imaginação da filha. Uma delas dizia respeito a Nancy Hardin Cornwall e Josephus Adamson Cornwall, ancestrais pioneiros que, junto da prole, abandonaram a caravana Donner-Reed em Humboldt Sink, Nevada, rumando para o norte até o Oregon, escapando assim da morte e do canibalismo que atingiu a trupe. E foi Eduene quem deu a Joan, aos cinco anos de idade, um caderno para que ela parasse de reclamar e escrevesse o que a perturbava. (O irmão mais novo de Didion, Jim, nasceu em 1939.) Como membro de uma dinastia razoavelmente bem-sucedida e bem-relacionada, profundamente arraigada nos dois lados da dinástica Sacramento — o tataravô de Frank, por exemplo, tinha imigrado de Ohio para Sacramento em 1855 —, Didion aprendeu cedo quão alienados os cidadãos do vale estavam do mundo lá fora. Mas isso era um problema? "Minha mãe viajou de Sacramento a Los Angeles em 1932 para assistir às Olimpíadas e não viu motivo para repetir a viagem nos trinta anos seguintes", diz Didion em seu livro de 2002, *Where I Was From.* E a autora se lembra de, quando jovem, ter visitado a viúva de um rancheiro com a mãe. A mulher, escreve Didion em seu ensaio de 1965, "Notas de uma nativa" — publicado em sua primeira coletânea, *Rastejando até Belém* — "recordava velhas histórias (o tipo preferido de conversa em Sacramento) sobre o filho de contemporâneos dela. 'Esse garoto Johnston nunca foi grande coisa', ela disse. Como quem não quer nada, minha mãe protestou: 'Alva Johnston', disse ela, 'ganhara o Prêmio Pulitzer quando trabalhava para o *New York Times*'. Nossa anfitriã olhou para nós, impassível. 'Ele nunca foi grande coisa em Sacramento', esclareceu". O que importava em Sacramento: história, mas apenas aquela que dizia respeito a Sacramento ou a chegar a Sacramento, montar acampamento e lá ficar. Também de "Notas de uma nativa":

> É característico dos californianos falar do passado como algo grandioso, como se ele tivesse simultaneamente começado, *tabula rasa*, e chegado ao final feliz no mesmo dia em que as carroças partiram para o Oeste. *"Eureka* — Encontrei", como diz o lema do estado. Tal visão da história traz certa melancolia àqueles que dela compartilham; minha própria infância foi coberta da convicção de que os melhores momentos vividos já haviam passado havia tempos. [...] Se eu fosse capaz de explicar isso, você entenderia a Califórnia e talvez algo mais, pois Sacramento *é* a Califórnia, e a Califórnia é um lugar onde a mentalidade do boom e um sentimento de perda tchekhoviano se reúnem, formando uma preocupante suspensão; uma suspensão em que a mente é perturbada por uma suspeita enterrada, porém indelével, de que as coisas deveriam funcionar melhor aqui, porque aqui, sob o céu imenso e descolorido, é onde termina nosso continente.

Uma das formas pelas quais as crianças se apegam à beirada do mundo é pensando que estão no centro dele. Na Califórnia ou em qualquer lugar. Ao crescer, você inevitavelmente começa a ver que a distância entre a terra firme que você pisa e a escarpa da beirada do mundo é na verdade bastante curta, e que você e outras pessoas, sem falar nos seus pais, são doidos e solitários, porque todos somos. O pai de Didion tinha uma mente conturbada — ele sofria de depressão. Como tantos dos desalentados personagens masculinos de Tchekhov, para não falar dos maridos e pais, que dão o seu jeito na vida e são com frequência ausentes, nos últimos três romances de Didion — *A Book of Common Prayer* (1977), *Democracia* (1984) e *A última coisa que ele queria* (1996) —, Frank não conseguia descrever o que sentia, muito menos para sua família. Se Eduene Didion sabia falar, Frank Didion tinha o silêncio, que guarda em si o próprio poder, como Didion observa em *Where I Was From* (2003). A linguagem pertencia à filha dele.

Havia nele uma tristeza tão difusa que ela tingia até mesmo as várias ocasiões em que ele parecia estar se divertindo. Ele tinha muitos amigos. Ele jogava golfe, jogava tênis, jogava pôquer, ele parecia gostar de festas. Ainda assim, ele podia estar no meio de uma festa na nossa casa, sentado ao piano — tocando "Darktown Strutter's Ball", digamos, ou "Alexander's Ragtime Band", um Bourbon Highball sempre à mão — e a tensão que ele emanava parecia tão grande que eu tinha que ir embora, correr para o meu quarto e fechar a porta.

Leva tempo para conseguir dizer a verdade; Didion trabalhou em diversas versões de *Where I Was From* ao longo dos anos. Foi só depois da morte dos pais que ela conseguiu terminá-lo. Em "O inquietante", Freud assinala que

> o inquietante que se vivencia depende de condições muito mais simples, mas abrange casos muito menos numerosos. Creio que ele [...] sempre remonta a algo reprimido, há muito tempo conhecido [...] No inquietante oriundo de complexos infantis não consideramos absolutamente a questão da realidade material, cujo lugar é tomado pela realidade psíquica. Trata-se da efetiva repressão de um conteúdo e do retorno do reprimido, não de uma suspensão da *crença na realidade* desse conteúdo.

A repressão do "conteúdo" de Frank. Como isso afetou Didion antes de ela ter a linguagem para descrevê-lo? Isso teria levado a colegial que amava Hemingway e Joseph Conrad — escritores que exploraram, repetidas vezes, o fracasso do amor, o romance como um sonho que azeda a alma, ou que faz de alguém apenas uma sombra de si mesmo, seja lá quem tenha sido — a desejar outra forma de realidade material, que não se escorasse em Highballs, em valores fundiários e conselhos comunitários, um cara que simplesmente ligasse o foda-se para tudo o que Sacramento considera correto e seguisse por um caminho completamente diferente? Caras assim eram desajustados e não queriam se ajustar; eles não se pareciam em nada com os homens que Didion conhecia. Caras assim, Didion escreveu no seu ensaio "Insider Baseball", de 1988, não estudavam em "Yale, Swarthmore ou DePauw, eles nem se candidatavam". De fato,

> [eles] tinham se alistado, tinham passado pelo treinamento básico em Fort Ord. Tinham engravidado garotas e se casado com elas, tinham começado o que chamavam de a primeira noite do resto de suas vidas com uma corrida à meia-noite até Carson City e uma cerimônia de cinco dólares celebrada por um juiz de paz de pijama. Eles arrumavam trabalho nos lugares que haviam demitido seus tios [...] Em outras palavras, eles não se destinavam a ser sectários daquilo que viríamos a chamar, para indicar os modos tradicionais pelos quais o poder é intercambiado e o *status quo* é mantido nos Estados Unidos, de "o processo".

Os modos tradicionais pelos quais o poder é intercambiado e o status quo *é mantido*. Repetidas vezes ao longo da carreira, Didion lutou com a ideia, e com a realidade, do que compõe o *status quo*, do que constitui a tradição e como o "bad boy" forasteiro ou o evento imprevisto que perturba o mundo conhecido por pessoas como os Didion, ou pessoas com quem eles se relacionavam em Sacramento. Uma das maneiras pelas quais esses "bad boys" modificavam o mundo era o sexo ou, mais precisamente, a projeção do sexo. John Wayne, que Didion viu pela primeira vez em um filme quando era criança — "Ele tinha uma autoridade sexual tão forte que até uma criança percebia"—, continuava a atrair a jovem escritora em parte porque ele parecia saído do nada e tinha uma história que "não era história alguma", ou seja, nenhuma biografia poderia explicá-lo. Jim Morrison, do The Doors, também tinha saído do nada, com um ponto de vista ou aura bem claro — "The Doors eram o Norman Mailer da parada de sucessos, missionários do sexo apocalíptico", Didion escreveu em *O álbum branco*, de 1979. Mas o que significava a letra da música sem o cantor? Era Morrison, insiste Didion, quem se levantava com "sua calça preta de vinil sem cueca", enquanto tendia a "sugerir uma gama de possibilidades para além de um pacto suicida"[3] e vendia o *éthos* da banda — sexo como o barato supremo e transgressão. Didion também se interessava por escritores mais tradicionais que emitiam uma energia similar na escrita, caras que relatavam seus estados extremos de consciência em um texto atrás de outro, carregados de sexo e morte e do que pudesse dar errado quando o *status quo* era rompido por forças que não podia domar. Didion no ensino médio, andando com garotos que não estavam nem aí para a escola, Didion observando Frank ao piano, ou vendo John Wayne na tela quando criança, exalando sexualidade — tudo isso é fascinante em parte por ser incomum: uma mulher olhando para homens sem desviar o olhar. Joan Didion inverteu o padrão masculino-feminino ao desenvolver o olhar de Didion.

———

[3] *O álbum branco*. Tradução de Camila Von Holdefer. Rio de Janeiro: HarperCollins Brasil, 2021.

Em 1952, a escritora que vinha se desenvolvendo foi aceita na Universidade da Califórnia, em Berkeley, onde se graduou em Letras. Berkeley não era sua primeira opção. Ela tinha se candidatado a Stanford, mas não havia passado, uma decepção sobre a qual ela escreve em "Sobre não ter sido escolhida pela faculdade que você escolheu", seu texto de 1968. Nele, Didion descreve o dia em que recebeu a carta de não aceitação:

Eu me lembro em detalhes da tarde em que abri essa carta. Fiquei parada lendo e relendo, meu moletom e meus livros caídos no chão do corredor, tentando interpretar as palavras de uma maneira menos definitiva, os trechos "não pode oferecer" e "resposta favorável" entrando e saindo de foco até que a frase não fizesse mais sentido algum. Naquela época, nós morávamos em uma casa vitoriana grande e escura e eu me via, de um modo vívido e dolorido, envelhecendo ali, jamais indo para universidade alguma, a solteirona de *A herdeira*.

Ao longo de toda a sua vida, Joan Didion voltaria àquela carta, para se lembrar não apenas de quem ela era, mas de como as coisas dão errado e não devem sempre dar certo: são as expectativas frustradas que fazem com que você consiga sair da caixa, do que você acha que "merece", e se lembrar de como entrar em Stanford, ou Yale, ou Harvard em geral tem a ver com seguir o roteiro escrito por outra pessoa. O roteiro dos pais. Pode-se afirmar que, quando entrou em Berkeley, Didion não estava seguindo o roteiro de ninguém, mas isso não quer dizer que ela não quisesse decorar as falas que acreditava precisar decorar para se virar. A Bay Area na qual Didion desembarcou no começo dos anos 1950 era, para usar o linguajar da época, em termos culturais, basicamente "um cafundó". O expressionismo abstrato, por exemplo — a forma de arte inflamável, andrajosa e elegante que faria o mundo da arte se voltar da Europa para os Estados Unidos —, florescia em Nova York, não em Marin County. Em Berkeley, Didion descobriu que ela não sabia pensar, certamente não como pensar era definido na universidade.

De sua conferência de 1975, "Por que escrevo":

> Nos anos em que frequentei Berkeley, eu tentei, com uma espécie de energia desesperançosa de uma adolescência tardia, negociar um visto temporário para o mundo das ideias, forjar para mim uma cabeça que conseguisse lidar com o abstrato.
>
> Em resumo, tentei pensar. [...] A minha atenção dava uma guinada inexorável, voltando-se para o que era específico, tangível, para aquilo que de modo geral era considerado, por todo mundo que eu conhecia naquela época, e inclusive para todos que conheci desde então, periférico. Eu tentava refletir sobre a dialética hegeliana e me pegava concentrada em uma pera florescendo na árvore do lado de fora da minha janela e na maneira peculiar como as pétalas caíam no meu chão. Eu tentava ler teoria linguística e me pegava imaginando se o acelerador de partículas Bevatron, colina acima, estaria ligado [...] vocês podem imediatamente desconfiar, caso trabalhem com ideias, que eu estava

me referindo ao Bevatron como um símbolo político [...] mas vocês estariam equivocados. Eu estava apenas imaginando se o Bevatron estava ligado e como seria isso. Um fato concreto.

Talvez Didion não soubesse falar hegeliano — ou Hegel não conseguisse falar com ela —, porque já estava empenhada em aprender californiano. Todo escritor é regionalista. Em 1979, em uma resenha de *A canção do carrasco*, de Norman Mailer, um livro sobre o assassino Gary Gilmore, natural de Utah, Didion descreve o que torna a fala do Oeste tão difícil de capturar. Como se constrói uma linguagem a partir do vazio, "aquele amplo vazio central à experiência do Oeste, um niilismo não só antitético da literatura, mas da maior parte das outras realizações humanas, um temor tão perto do zero que a voz humana desvanece, sai do trilho, quase como escrever no céu?". O terror pode bloquear a fala, certamente, mas também pode fazer com que você desista de comunicar qualquer coisa. Para quê, se o que você sente não pode ser enunciado? A vida em Sacramento havia lhe ensinado isso.

E, no entanto, como poderia a americanidade de alguém — em si, um lugar de inquietude: Como chegamos aqui? O que estamos fazendo aqui? Por que ficamos? — estar à altura daqueles teóricos da linguagem? (Somos todos teóricos da linguagem a partir do ponto em que lidamos com a linguagem. Mas vá dizer isso para uma garota precoce de dezessete anos.) Como poderia a Califórnia, como tema e como realidade, estar à altura da Europa que Hemingway, por exemplo, escavou em sua ficção? A Europa seria uma "coisa" que ela tinha que levar em conta se fosse escrever sobre seu mundo? Ela queria escrever sobre o mundo todo? Ou sua americanidade — sua Didionidade — bastaria? Essas perguntas se aprofundaram, e Didion tentou olhá--las mais de perto e, por fim, respondê-las por si mesma ao terminar a faculdade em Berkeley, se mudar para Nova York e começar a escrever para a *Vogue*. Em Nova York, a garota que tinha crescido perto de rios, e dentro deles, se viu caminhando até o East River porque sentia falta do que conhecia, e o único jeito de capturar isso era escrevendo; o primeiro romance de Didion, *Run River*, de 1963, é também um gesto de memória e de memorialização.

Mas estamos nos adiantando à história dela. É possível dizer que Didion, que entalhou suas palavras no granito da especificidade, talvez tenha se sentido pouco inspirada pelo estilo de escrita da Guerra Fria, popular em ambas as costas norte-americanas quando ela era estudante; em todo caso, é difícil imaginá-la como uma "vagabunda iluminada". É pose demais. O que Didion buscava era a naturalidade da expressão controlada pelo entendimento real do ofício, a melhor forma de descrever o inefável, o inquietante do cotidiano. Mas como ela alcançaria isso? Pelo ato de escrever, tornando-se uma escritora. Em 1954, aos dezenove anos, Didion foi aceita na disciplina "Inglês 106A" do finado Mark Schorer, uma experiência que ela descreve no texto memorialístico "Contar histórias", de 1978. A aula, diz ela, era "uma espécie de 'oficina para escritores' que, por três horas semanais, os reunia para debates e exigia que cada aluno produzisse pelo menos cinco contos ao longo do semestre. Não havia alunos ouvintes. […] 'Inglês 106A' foi amplamente considerada uma espécie de experiência religiosa, uma iniciação no mundo sério dos escritores de verdade, e eu me lembro de cada encontro como um momento de animação aguda e pavor". O pavor de Didion vinha em parte da sensação de que ela não tinha vivido o bastante para preencher cinco contos. E foi o pavor também que a fez ter vontade de sumir da aula, à qual, por acaso, ela nunca faltava. "Vasculhei o meu armário atrás de roupas que me tornassem invisível na aula", Didion se recorda, "e aparecia com apenas uma capa de chuva suja. Vestida com essa capa, eu me sentava, ficava ouvindo os contos dos outros sendo lidos em voz alta e perdia as esperanças de um dia saber o que eles sabiam." Como todo escritor sabe, a escrita é inseparável do corpo; é você, você é o cantor e a canção. Ao longo da carreira, Didion viveu ou projetou um "eu" na página, ao mesmo tempo que manteve certa distância, um desejo de desaparecer de modo que as imagens e as pessoas que fazem a história pudessem contá-la ao menos em parte. Mas, quando Didion estava na aula de Mark Schorer, não tinha certeza de que as histórias que ela contava, queria contar, eram as histórias que as pessoas queriam ouvir. Como sumir na vida e dizer "eu" na página, de uma vez só. Cursar a disciplina de Schorer não era maior que seu medo e seu pavor: era igual a ambos. O fato de viverem lado a lado, aparentemente para sempre — "Uma peculiaridade de ser escritor é que o trabalho em si implica a humilhação mortal de ver suas próprias palavras impressas", diz Didion em "Últimas palavras", seu ensaio de 1998 sobre Hemingway — faz parte da vida de quem escreve, à qual escritores de alguma maneira conseguem sobreviver de novo, e de novo, para poderem escrever, o que em si é um exercício de inquietude.

Hilton Als
Julho de 2020

Alicia e a imprensa alternativa

OS ÚNICOS jornais norte-americanos que não me dão uma profunda convicção física de que o oxigênio do meu cérebro foi cortado, muito provavelmente com um grampo da Associated Press, são o *Wall Street Journal*, o *Free Press* de Los Angeles, o *Open City* de Los Angeles e o *East Village Other*. Digo isso não para me colocar como uma excêntrica divertida, perversa e eclética e, bom, descolada em tudo de que gosta; estou falando aqui de algo peculiar e que nos amortece: a incapacidade de todos nós de falar claramente uns com os outros, o fracasso dos jornais norte-americanos em "dar o recado". O *Wall Street Journal* consegue se comunicar comigo (não vem ao caso o fato de ser mínimo o meu interesse por muito do que me ele diz), e a imprensa "alternativa" também.

O *Free Press*, o *EVO*, o *Berkeley Barb*, todos os outros jornais de formato tabloide que representam os interesses particulares dos jovens e dos desamparados: a sua virtude específica consiste em serem destituídos das posturas convencionais da imprensa, muitas das quais baseadas em uma "objetividade" bastante artificial. Não me entenda mal: admiro a objetividade, e inclusive a admiro muito, mas não consigo ver como se pode alcançá-la se o leitor não entende o viés individual do escritor. Pois fingir que o escritor não tem qualquer viés confere à aventura toda uma hipocrisia que nunca contaminou o *Wall Street Journal* e ainda não contaminou a imprensa alternativa. Quando um escritor de um jornal alternativo apoia ou condena algo, ele com muita frequência o diz, no lugar de dizer o quê, quem, onde, quando e como.

É claro que não há nada de especificamente alternativo nos jornais alternativos. A Nova York ao sul da 34th Street está forrada de exemplares do *EVO*; contadores de Los Angeles pegam o *Free Press* durante o almoço na Strip. É um clichê reclamar que os jornais são amadores e mal escritos (são mesmo), que são bobos (são mesmo), que são entediantes (isso eles não são), que não trazem informação suficiente. Na verdade, o conteúdo informativo de um jornal alternativo é extremamente limitado. Notícias sobre uma marcha pela paz ou sobre a deserção de um grupo de rock para o lado das forças exploradoras (digamos que o grupo lançou um álbum, ou marcou uma apresentação no Cheetah), um conselho de Patricia Maginnis sobre o que dizer para o médico residente na emergência caso você comece a ter uma hemorragia depois de um aborto no México ("Sinta-se completamente à vontade para dizer a ele que Patricia Maginnis e/ou Rowena Gurner orientaram-na a fazer o aborto. Por favor, não acuse mais ninguém. Estamos tentando ser presas. Outras pessoas não estão."), arrependimentos de um traficante de drogas de quinze anos de idade ("Você precisa se comprometer com o tráfico como um estilo de vida ou não vai conseguir fazer direito."), alertas de DIMINUA A VELOCIDADE: uma edição do *Free Press*, digamos, é muito parecida com as cinco edições subsequentes do *Free Press* e, para qualquer pessoa que acompanhe apenas eventualmente os vários rompimentos entre usuários de drogas e revolucionários guerrilheiros, indistinguível das do *EVO*, do *Barb*, do *Fifth Estate*, do *Free Press* de Washington. Nunca li algo que eu precisasse saber em um jornal alternativo.

Mas pensar que as pessoas leem esses jornais em busca de "fatos" é equivocar-se em relação ao atrativo deles. O genial desses jornais é que conseguem se comunicar com os leitores. Eles partem do princípio de que o leitor é um amigo, de que ele está incomodado com alguma coisa e vai entender se falarem com ele de forma clara; essa suposição de uma linguagem compartilhada e uma ética comum confere aos textos uma força de estilo considerável. Uma edição recente do *Free Press* publicou uma análise da cidade de Ann Arbor feita por uma leitora chamada "Alicia", que, com uma perfeição de *haikai*, disse tudo que há para dizer sobre uma comunidade universitária: "Os professores e suas esposas são ex-beatniks (Berkeley, turma de 1957), frequentam marchas pela paz e levam margaridas para U Thant. Alguns dos jovens ainda acreditam em Timothy Leary e Khalil Gibran. Alguns de seus pais ainda acreditam no Relatório Kinsey".[4]

---

[4] O comentário de Alicia faz referência a U Thant (1899-1974), secretário-geral da Organização das Nações Unidas (ONU) de 1961 a 1971, que entre outros esforços diplomáticos criticou a presença norte-americana na Guerra do Vietnã; Timothy Leary (1920-1996), professor de Psicologia de Harvard, conhecido como "guru do LSD" e ícone da contracultura nos anos 1960; e Khalil Gibran (1883-1931), escritor e pintor marcado pelo misticismo, autor de *O profeta* (1923). O Relatório Kinsey, publicado em 1948, divulgou as pesquisas do biólogo e sexólogo Alfred Kinsey em torno do comportamento sexual dos norte-americanos. *[N. T.]*

Esses jornais ignoram os códigos convencionais dos jornais, dizem o que pensam. São veementes e atrevidos, mas não incomodam; têm defeitos como um amigo, não como um monólito. ("Monólito", é claro, é uma palavra queridinha da imprensa alternativa, uma das poucas com mais de três sílabas.) O ponto de vista deles é óbvio até para o leitor mais obtuso. Nos melhores veículos da imprensa tradicional realmente existem muitas opiniões veladas, e o fato de elas permanecerem veladas, não serem assumidas, afasta o leitor da página feito gás metano. O *New York Times* provoca em mim apenas uma agressividade agrária desagradável, faz com que eu me sinta como a filha descalça do animador de parque de diversões do musical *Carousel*, assistindo às crianças da família Snow se dirigirem de nariz empinado para o jantar de domingo com McGeorge Bundy, Reinhold Niebuhr, dr. Howard Rusk. A cornucópia transborda. A Cruz de Ouro reluz.[5] A filha do animador sonha com anarquia e não acreditaria se as crianças da família Snow lhe dissessem que de noite é escuro. Abaixo do nível do *Times* de Nova York ou de Los Angeles, o problema não é tanto se alguém confia na notícia, mas se a encontra; com muita frequência parece que um macaco inventou a coisa toda no teletipo, lançando aqui uma notícia para constar, acolá um release de imprensa. Quando eu tinha dezessete anos,

---

[5] A expressão "Cruz de Ouro" [*Cross of Gold*] remete ao famoso discurso do candidato democrata William Jennings Bryan (1860-1925) na campanha presidencial de 1896, quando argumentou em favor de agricultores e operários que sofriam com a crise econômica e defendeu o fim do padrão-ouro, propondo uma reforma do sistema monetário norte-americano. Ele foi derrotado pelo republicano William McKinley (1843-1901). [*N. T.*]

trabalhei em um jornal, durante o verão, em que o objetivo principal do labor de cada dia era fazer um clipping e reescrever o jornal concorrente ("Verifique se parecer plantado", me aconselharam no meu primeiro dia); tenho a impressão de que esse tipo de coisa continua sendo uma atividade local animada: Conselho de Supervisores do Condado felicita corretores de imóveis da região Norte por plano de demolir cortiços e construir rede de motéis. Debutantes em trabalho voluntário inspecionam máquina recém-adquirida para tratamento de câncer terminal. Dear Abby.[6] O espelho da mente. O maxilar relaxa, a realidade recua. "Seminário rima com precisa-se de dicionário", lê-se na página 35. "PADUCAH, KY. (AP) — Quando Kay Fowler pediu que seus alunos da escola de domingo descrevessem um seminário, um rapazinho soltou: 'É onde eles enterram as pessoas'." Se você me conta isso na página 35, eu provavelmente não vou acreditar em você na página 1.

Macacos nos níveis inferiores, códigos nos superiores. O comentário nos nossos congressos de imprensa é que somos considerados "bem-informados" na medida em que conhecemos "a história verdadeira", a história que não está no jornal. Passamos a esperar que os jornais representem a ética oficial, que façam o que é "responsável". Os jornalistas mais admirados não são mais adversários, e sim confidentes, cúmplices; a

---

[6] "Dear Abby" é uma conhecida coluna de jornal que oferece conselhos. Foi criada em 1956 por Pauline Phillips, sob o pseudônimo de Abigail Van Buren, e publicada no *San Francisco Chronicle*. Jeanne Phillips, filha de Pauline, assumiu a coluna, que até hoje é veiculada em mais de mil jornais norte-americanos. [*N. T.*]

meta é assessorar presidentes, jantar com Walter Reuther e Henry Ford e dançar com as filhas desse último no Le Club. E então, carregado de responsabilidade, redigir os artigos cifrados deles. Alicia não é muito responsável. Alicia nunca vai ao Le Club. Alicia provavelmente não sabe coisa alguma sobre o que quer que seja para além de Ann Arbor. Mas ela me conta tudo o que sabe sobre isso.

1968

Alcançando a serenidade

"**NO MEU CASO**", disse a jovem mulher, "nos sete meses desde que comecei no programa, tem sido bom mesmo. Eu só jogava no Gardena, *lowball*. Jogava de noite, depois de pôr meus filhos para dormir, e claro que eu nunca chegava em casa antes de cinco da manhã, e meu *problema* era que, depois, eu não conseguia dormir. Ficava relembrando cada mão, então no dia seguinte, imagine, eu estava cansada. Irritadiça. Com as crianças."

O tom era o de quem tinha ajustado o jeito de falar em público ao de comerciais de analgésicos, mas ela não estava propriamente vendendo um produto. Estava fazendo uma "confissão" em uma reunião dos Jogadores Anônimos que frequentei pouco tempo atrás: às nove horas de uma noite de inverno em um clube, em um bairro de bangalôs em Gardena, na Califórnia. Gardena é a capital do pôquer fechado do condado de Los Angeles (proibido pôquer aberto, proibido bebida alcoólica, clubes fecham entre cinco e nove da manhã e o dia todo no Natal; não é Nevada, é a Califórnia, onde só existe o pôquer fechado, só isso mesmo, como opção), e a proximidade tentadora de clubes de pôquer paira sobre esse encontro em particular como uma substância parafísica, quase tão palpável quanto os retratos de Washington e Lincoln, a bandeira norte-americana, as hortênsias de plástico e a mesa posta pelo Comitê de Comes e Bebes. Era logo ali na esquina, esperando alguém aparecer, que ela acontecia, a ação; e ali, naquela sala superaquecida, revolvendo-se inquietas em cadeiras dobráveis e com os olhos piscando por causa da fumaça do cigarro, havia quarenta pessoas que a desejavam. "Essa tal de Gardena", um rapaz respirou suavemente, "ela me destruiu." O rapaz, que disse ter ido bem em desenho técnico no colégio Van Nuys, tinha 22 anos e usava um corte de cabelo *ducktail* de 1951, o que talvez sugerisse o quanto ele, como todos os outros na sala, vivia em outra frequência. "Não perdi nenhuma fortuna", disse ele, "mas perdi todo o dinheiro que consegui juntar, começou no Corpo de Fuzileiros Navais, conheci um monte de manés no Vietnã, estava ganhando dinheiro fácil e foi esse momento da minha vida, pode-se dizer, que, bom, me levou à ruína."

A fumaça ficou mais espessa; o depoimento, mais intenso. Eu não ouvia tantas revelações desse tipo desde a época em que puxava assunto nos ônibus da Greyhound com a ideia equivocada de que conversas assim eram uma boa maneira de aprender sobre a vida. "Sabe, acabei de desfalcar uma boa quantia de dinheiro do meu patrão", eles contavam um ao outro, e "Saí com a intenção de ir a uma reunião no Canoga Park e fiz o retorno na rodovia, isso foi na última quarta-feira. Acabei chegando em Gardena e agora estou prestes a me divorciar de novo". *Mea culpa*, eles pareciam estar chorando, e muitos deles tinham chorado na véspera e na antevéspera também: toda noite acontece uma reunião do Jogadores Anônimos em algum lugar perto de Los Angeles, algum lugar como Long Beach, Canoga Park, Downey ou Culver City, e a meta é frequentar cinco ou seis reuniões por semana. "Nunca consegui vir para essa reunião de Gardena por um simples motivo", alguém explicou, "eu começo a suar frio cada vez que passo por Gardena, até mesmo na rodovia, mas hoje estou aqui porque cada noite que participo de uma reunião é uma noite em que eu não faço uma aposta, e esta, com a ajuda de Deus e a de vocês, é a noite número 1.223."

Havia algo de curioso na maneira como eles conversavam. Como se fossem elaboradores de horóscopo (e talvez alguns deles fossem), eles monitoravam fanaticamente as "datas" importantes — e não apenas as próprias, mas as de todo mundo ("3 de dezembro de 1965 foi um dia ruim para mim porque foi a noite em que preenchi o meu primeiro cheque falso com o valor de 343 dólares, mas foi um dia importante para Frank L., nesse mesmo dia do ano seguinte, ele completou oito meses no mesmo emprego, ainda que o tenha perdido na sequência, o que mostra que alguns de nós estamos em frangalhos no mesmo dia em que outros estão tranquilos, e esse é o milagre do J.A."); eles falavam em termos genéricos, como se estivessem em um pântano anterior à linguagem, agarrando-se a frases enquanto boiavam por aí. "Agora que estou no programa, sinto plenitude com minha família", alguém disse, e "a coisa mais importante que absorvi no programa neste momento é meu, hum, pensamento mental." "Como todos aqui sabem, cheguei ao fundo do poço naquela noite de 28 de novembro, no Normandie Club", disse mais um, "e depois disso alcancei a serenidade." "Essa é a minha meta", alguém acrescentou. "Alcançar a serenidade."

Não havia algo de errado nisso e, no entanto, havia alguma coisa não muito certa, alguma coisa perturbadora. De início, pensei que fosse apenas a predileção de muitos dos membros por ficar remoendo quão "impotentes" eram, quão fustigados por forças além de seu controle. Falava-se muito de milagres e Presenças Superiores e um Poder Maior que Nós; o programa do Jogadores Anônimos, como o do Alcoólicos Anônimos, tende a reforçar o ponto de vista bastante passivo que o viciado tem de sua condição. (O primeiro dos "Doze Passos" do J.A. consiste em admitir que a vida "se tornou" impraticável. Cinco passos depois, e ainda sem reagir, a pessoa assevera que está pronta para que "seus defeitos de caráter sejam removidos".) "Meu vizinho me levou para o Hollywood Park, que belo favor ele me fez", alguém disse naquela noite. "Tinham que jogar uma bomba em cima de Gardena", sussurrou um rapaz para mim, apaixonadamente. "Um jovem entra num lugar desses, ele se vicia para o resto da vida."

Mas, é claro, *mea culpa* nunca acaba sendo completamente *mea*. Mesmo assim, ainda havia café para tomar, bolo para cortar: era o "aniversário" de Frank L. no Jogadores Anônimos. Depois de seis anos no programa, ele tinha enfim completado um ano inteiro sem fazer uma aposta e estava sendo homenageado com o broche de um ano ("Frank L., quero que você se lembre de apenas uma coisa:

o broche de um ano é apenas um marcador de página no livro da vida.") e um bolo, um bolo branco com uma frase de cobertura cor-de-rosa: MILAGRES AINDA ACONTECEM, dizia o bolo. "Não tem sido fácil", disse Frank L., ao lado da esposa, dos filhos e dos sogros. "Mas nas últimas três, quatro semanas, nós conquistamos uma... *serenidade* em casa." Pronto, ele falou. Saí rápido de lá, antes que mais alguém dissesse "serenidade" de novo, pois eu associo essa palavra com morte, e por muitos dias depois dessa reunião eu só queria ficar em lugares bem-iluminados e onde ninguém contasse os dias.

1968

Uma viagem para Xanadu

Há quase meio século esta é uma imagem característica e comovente nas mentes da Califórnia: San Simeon, *La Cuesta Encantada*, a baronia fantasmagórica que William Randolph Hearst construiu para si nas colinas queimadas pelo sol acima da costa do condado de San Luis Obispo. As crianças da Califórnia ouviam falar de San Simeon quando eram muito pequenas (sei disso porque fui uma dessas crianças), diziam-lhes para olhar para ela desde a Highway 1, bem distante, encarapitada na colina, as imensas torres e ameias mouras brilhando no sol ou flutuando, de uma maneira fantástica, logo acima da névoa litorânea; San Simeon era um lugar que, uma vez visto da rodovia, não saía da cabeça, era um dado material que existia para provar determinados princípios abstratos. San Simeon parecia confirmar o potencial ilimitado do lugar onde vivíamos. Os portões estavam sempre fechados naquela estrada que subia a colina e, no entanto, havia uma espécie de acessibilidade pioneira em torno dos Hearst; o dinheiro dos Hearst era o dinheiro do Oeste, dinheiro originalmente vindo de uma mina de prata em Nevada, dinheiro ganho e gasto num espírito de sorte, imaginação, irresponsabilidade e extravagância geral que era singular do Oeste. Se um Hearst podia construir um castelo para si, qualquer homem podia se tornar um rei.

Além disso, San Simeon era exatamente o castelo que uma criança construiria se tivesse 220 milhões de dólares e pudesse gastar quarenta milhões em um castelo: um castelo de areia, uma implausibilidade, um lugar nadando em luz quente e dourada e em brumas teatrais, um domo de prazer decretado por um homem que insistiu, devido ao medo sombrio que todos conhecemos, que todas as superfícies fossem alegres, brilhantes e lúdicas. San Simeon, mais que qualquer outro lugar já construído neste país, era comprometido com a proposta de que todos os prazeres da eternidade podiam ser encontrados no aqui e agora. As folhas não caíam em San Simeon, nada caducava ou morria. As rosas, fúcsias, buganvílias floriam o ano todo, mais de dois milhões de litros d'água reluziam em piscinas imensas, zebras e antílopes vagavam pelas colinas douradas. Os sinos do carrilhão podiam ser ouvidos a quase cinquenta quilômetros de distância. Bandeiras brilhantes de Siena ondulavam acima das mesas de jantar compridas do refeitório. Os convidados comiam pato prensado e limpavam as mãos em guardanapos de papel: mais uma vez, uma fantasia de criança, cada refeição ser um piquenique. O espírito de San Simeon não era cerceado por definições adultas nervosas do que era certo e do que não era, do que era bom e do que era menos bom, do que era "arte" e do que não era: se William Randolph Hearst gostava de alguma coisa, ele a comprava e a trazia para San Simeon. E uma criança teria povoado seu castelo exatamente com o mesmo elenco:

o Rei onipotente, a Rainha desprezada, a Princesa cativa vinda de outro território. Havia os subalternos ambiciosos, carregando remessas oriundas das capitais do mundo. E, é claro, havia os cortesãos, os cortesãos decorativos, alguns dos quais vinham passar o fim de semana e permaneciam por meses, porque ninguém era banido dessa corte a menos que bebesse demais ou mencionasse a morte. Não haveria absolutamente nenhuma sombra nesse conto de fadas: San Simeon seria o reino onde ninguém morre.

E ali estava ele, flutuando na colina diante da vista de qualquer criança. Eu só o vi realmente três ou quatro vezes, mas eu ouvia falar dele, e me lembrava dele, e San Simeon era uma ideia imaginária que me afetava, moldava a minha própria imaginação da maneira que toda criança é moldada pela geografia real e emocional do lugar em que cresce, pelas histórias que ouve e pelas histórias que inventa. Por esse motivo, fiz uma viagem não muito tempo atrás para San Simeon, que desde 1958 é um monumento estadual (o Rei morreu, é claro, em 1951, e os filhos dele doaram o castelo para o Estado). Participei de um dos tours diários por alguns dos 147 quartos na Casa Principal e nas casas de hóspedes.

Era o que eu esperava, e não era. Na maior parte dos casos, na maior parte dos casos físicos, San Simeon é hoje exatamente como deveria ter sido quando William Randolph Hearst estava vivo: o rancho encolheu de 112 mil para 34 mil hectares, mas continua sendo um rancho de gado em funcionamento, e 34 mil hectares ainda é tanto quanto se consegue enxergar desde os amplos terraços ladrilhados.

O zoológico particular não existe mais, o gnu, os ursos-preguiças e o elefante, mas ainda há algumas zebras pastando nos loureiros da colina. Os historiadores de arte que visitam o lugar de vez em quando reclamam que a tapeçaria está desbotando; as pinturas, craquelando; a estatuária de madeira policromada, descamando, e os tetos de madeira escavada estão sendo destruídos por insetos; com exceção dessas investidas do tempo, no entanto, e com exceção da ausência de flores de corte, o Estado mantém as casas exatamente como foram vistas pela última vez por Hearst. As rosas ainda florescem do lado de fora e o sol refulge na fronde das palmeiras, e as colinas amarelas correndo para o mar absorvem a luz daquela maneira peculiar das regiões rurais da Califórnia. Nada parece ter mudado, e no entanto tudo mudou, pois o Estado transformou San Simeon naquilo que ele nunca foi: apenas mais uma propriedade de um homem rico. Os visitantes chegam, quatro milhões por ano, em calças largas, chapéus de palha e bobes no cabelo; pagam seus três dólares e caminham pelas faixas de nylon do tapete de proteção. Eles se aconselham quanto aos bons ângulos para fotos e especulam sobre quanto deve custar o aquecimento do lugar. Na alta temporada, o Estado contrata 89 guias do serviço público e assistentes para o tour; alguns deles moram nas residências de funcionários, todos eles nadam na Piscina de Netuno entre seis e oito horas, toda noite. Eles fazem churrasco nos terraços e formam grupos de discussão noite adentro, com temas como "O conflito geracional". Os guias vestem uniformes cáqui e são depositários de informações: *2.144 arbustos de rosas nos jardins do sr. Hearst,*

5.400 volumes na biblioteca particular do sr. Hearst, e certa vez o sr. Hearst distinguiu-se por ter comprado um quarto de todos os objetos de arte do mundo, em 504 categorias de arte. "Se você tivesse sido um hóspede do sr. Hearst...", eles repetem sem parar. Se você tivesse sido um hóspede do sr. Hearst, poderia ter tocado o piano Wurlitzer Baby Grand antes do jantar. Se você tivesse sido um hóspede do sr. Hearst, poderia ter assistido a um filme depois do jantar *e se sentado ao lado do elenco do filme na sala de projeção.* A reverência se estende aos filhos do sr. Hearst, que eventualmente se hospedam em San Simeon, em uma casa de hóspedes de vinte quartos exclusiva para o uso deles. "Se os visse, você provavelmente não os reconheceria", informa o guia, "porque eles não estariam vestidos diferente de você." Ouvi os guias por um bom tempo e tive dificuldade para entender o tom deles. E então o identifiquei: era o tom que refletia a idolatria pelos ricos que frequentemente faz companhia à democratização das coisas, o achatamento. Eu tinha levado uma criança comigo até lá, uma sobrinha de Connecticut que nunca tinha ouvido falar de San Simeon, e ela gostou das flores, das piscinas, dos tetos decorados, mas me ocorreu, quando fomos embora, que ela teria achado tudo mais comovente se o tivesse vislumbrado apenas desde a Highway 1, os portões fechados, o castelo flutuando à distância. Torne um lugar acessível à vista e de certa forma ele não é mais acessível à imaginação.

1968

Sobre não ter sido escolhida pela faculdade que você escolheu

"CARA JOAN", começa a carta, ainda que quem a escreveu não me conhecesse em absoluto. A carta está datada de 25 de abril de 1952 e por muito tempo ficou guardada em uma gaveta da casa da minha mãe, o tipo de gaveta do quartinho dos fundos que foi tomada por papéis com previsões do que cada um da turma estaria fazendo no futuro, pétalas secas de orquídea-borboleta e fotos de jornais com oito madrinhas e duas daminhas avaliando a moeda que o pai da noiva, cumprindo a tradição de boa-sorte, depositou no sapato dela. Qualquer que fosse o leve apego que já tive por pétalas secas de orquídea-borboleta ou fotos minhas como daminha, ele se revelou passageiro, mas ainda tenho um apego pela carta, que, exceto pelo "Cara Joan", é mimeografada. Recuperei a carta para usá-la como exemplo concreto com uma prima de dezessete anos que não consegue comer nem dormir enquanto espera uma notícia vinda do que ela chama de as faculdades que escolheu. Eis o que a carta diz:

O Comitê de Admissão me solicita que lhe informe que não pode oferecer uma resposta favorável ao seu pedido de admissão na Universidade de Stanford. Embora você tenha cumprido os requisitos mínimos, o Comitê infelizmente não pode incluí-la no grupo dos que serão admitidos devido ao rigor da concorrência. O Comitê se une a mim no desejo de uma feliz continuação dos seus estudos. Atenciosamente, Rixford K. Snyder, Diretor de Admissão.

Eu me lembro em detalhes da tarde em que abri essa carta. Fiquei parada lendo e relendo, meu moletom e meus livros caídos no chão do corredor, tentando interpretar as palavras de uma maneira menos definitiva, os trechos "não pode oferecer" e "resposta favorável" entrando e saindo de foco até que a frase não fizesse mais sentido algum. Naquela época, nós morávamos em uma casa vitoriana grande e escura e eu me via, de um modo vívido e dolorido, envelhecendo ali, jamais indo para universidade alguma, a solteirona de *A herdeira*. Subi para o meu quarto, tranquei a porta e chorei durante algumas horas. Fiquei um tempo sentada no chão, na frente do meu guarda-roupa, e enterrei o rosto num roupão acolchoado, e então, depois que a humilhação real da situação (todos os meus amigos que se inscreveram em Stanford tinham sido aceitos) se dissipou e se tornou um teatrinho inofensivo, sentei na beirada da banheira e pensei em engolir o conteúdo de um frasco velho de aspirina com codeína. Eu me imaginei dentro de uma tenda de oxigênio, Rixford K. Snyder pairando do lado de fora, ainda que como a notícia chegaria a Rixford K. Snyder fosse um detalhe da narrativa que me preocupava até mesmo enquanto eu contava os comprimidos.

É claro que não tomei os comprimidos. Passei o resto da primavera carrancuda, numa revolta moderada, enfiada em cinemas drive-in, escutando evangélicos de Tulsa no rádio do carro, no verão me apaixonei por uma pessoa que queria ser jogador profissional de golfe e passei muito tempo assistindo-o treinar o movimento do *putting*, e no outono frequentei, por algumas horas todos os dias, uma faculdade de curta duração, obtendo os créditos necessários para ir para a Universidade da Califórnia, em Berkeley. No ano seguinte, um amigo de Stanford me pediu para escrever para ele um trabalho sobre *Nostromo*, de Conrad, e eu escrevi, e ele tirou A. Eu tirei B- com o mesmo trabalho em Berkeley, e o fantasma de Rixford K. Snyder foi exorcizado.

Então deu tudo certo na minha experiência única naquele confronto tão típico de classe média, a adolescente versus o Comitê de Admissão. Mas isso aconteceu no mundo inofensivo da Califórnia rural de 1952, e acredito que seja mais difícil para os jovens que conheço hoje, jovens cuja vida é, desde os dois ou três anos de idade, uma série de etapas perigosamente calculadas, cada uma delas devendo ser transposta de modo muito bem-sucedido justamente para evitar uma carta como a minha escrita por algum Rixford K. Snyder que exista por aí. Uma conhecida me contou recentemente que havia noventa candidatos para as sete vagas no jardim da infância de uma escola cara em que ela esperava matricular a filha de quatro anos, e que ela estava desesperada porque nenhuma das cartas de recomendação para a filha de quatro anos havia mencionado seu "interesse por arte". Desconfio que, se tivesse crescido sob tal pressão, eu teria tomado as aspirinas com codeína naquela tarde de abril de 1952. Minha rejeição era diferente; minha humilhação, privada: não havia qualquer expectativa dos meus pais de que eu passasse para Stanford ou para qualquer outro lugar. É claro que eles queriam que eu fosse feliz, e é claro que esperavam que a felicidade estivesse associada a conquistas, mas em que termos se dariam essas conquistas era problema meu. A concepção deles de suas próprias conquistas e das minhas qualidades independiam de qual faculdade eu faria, e até *se* eu faria uma faculdade. Estávamos estabelecidos na nossa condição social e o tópico das instituições "certas", tão tradicionalmente urgente para aqueles que queriam ascender, não foi colocado. Quando meu pai soube que eu tinha sido rejeitada por Stanford, ele deu de ombros e me ofereceu uma bebida.

Penso com muita estima naquele dar de ombros sempre que ouço pais falando sobre as "oportunidades" de seus filhos. Minha inquietação vem da sensação de que eles estão misturando as oportunidades das crianças com as deles próprios, exigindo que a criança se dê bem não só por si mesma, mas também para a imensa glória dos pais. É claro que agora é mais difícil entrar em uma faculdade do que era antes. É claro que existem mais crianças do que vagas "desejáveis". Mas estaremos nos iludindo se fingirmos que as escolas desejáveis beneficiam apenas as crianças. ("Eu não me importaria nem um pouco se ele passasse ou não para Yale se não fosse o Vietnã", me disse um pai não muito tempo atrás sem se dar conta de que enganava a si mesmo; teria sido maldoso da minha parte sugerir que também seria possível conseguir uma dispensa do alistamento estando em Long Beach State.) Entrar na faculdade se transformou numa coisa barra-pesada, perversa por consumir e desviar tanto tempo, energia e reais interesses, e o aspecto ainda mais deletério disso é como os próprios jovens o aceitam. Eles falam casualmente, sem paixão, de suas "primeira, segunda e terceira opções", de como sua inscrição "na primeira opção" (para Stephens, digamos) não corresponde de fato à sua primeira opção (a primeira opção era Smith, mas o orientador disse que a chance de conseguir era pequena, então por que "desperdiçar" a inscrição?); eles ponderam sobre a expectativa de rejeições, sobre suas opções de reserva, sobre escolher o esporte e as atividades extracurriculares certas para "equilibrar" a inscrição, sobre os malabarismos que precisam fazer com as confirmações quando a terceira opção aceita antes de chegar a resposta da primeira opção. Eles têm a inteligência de soltar uma mentira inocente aqui, um cabotinismo discreto acolá, de valorizar as cartas de "grandes nomes" que seus pais mal conhecem. Escutei conversas de jovens de dezesseis anos que só foram superados, em suas habilidades para manipular uma autopromoção, por concorrentes a grandes subsídios literários.

E é claro que nada disso importa muito, nenhum desses sucessos ou fracassos juvenis. Fico me perguntando se não seria melhor encontrar uma maneira de fazer os jovens saberem disso, uma maneira de desembaraçar as nossas expectativas das deles, uma maneira de deixá-los lidar com as próprias rejeições, carrancas revoltadas e interlúdios com profissionais do golfe, sem o amparo das asas ansiosas dos pais. Descobrir qual o seu papel, aos dezessete anos, já é suficientemente difícil sem receber um roteiro de outra pessoa em mãos.

1968

Linda Nancy

A LINDA Nancy Reagan, esposa do governador da Califórnia, estava parada na sala de jantar de sua casa alugada na 45th Street, em Sacramento, ouvindo o jornalista da televisão explicar o que ele queria fazer. Ela ouvia com atenção. Nancy Reagan é uma ouvinte muito atenta. A equipe da televisão queria assisti-la, disse o jornalista, enquanto ela fazia exatamente o que normalmente faria em casa numa manhã de terça-feira. Uma vez que eu também estava lá para assisti-la fazer exatamente o que ela normalmente fazia em casa numa manhã de terça-feira, nós parecíamos estar prestes a experimentar certo pioneirismo na imprensa: o jornalista da televisão e os dois cinegrafistas poderiam assistir a Nancy Reagan sendo assistida por mim, ou eu poderia assistir a Nancy Reagan ser assistida pelos três, ou um dos cinegrafistas poderia recuar e fazer um estudo no estilo *cinéma vérité* de nós, todos assistindo e sendo assistidos uns pelos outros. Eu tinha a nítida sensação de que estávamos no caminho certo para desvelar algo, a verdade sobre Nancy Reagan em 24 frames por segundo, mas o jornalista da televisão escolheu fazer vista grossa para a característica central e singular daquele momento. Ele sugeriu que assistíssemos a Nancy Reagan colhendo flores no jardim. "Isso é uma coisa que você faria normalmente, não é?", perguntou ele. "Sim, de fato é", respondeu Nancy Reagan, animada. Nancy Reagan diz quase tudo de modo animado, talvez por ter sido atriz por dois anos e ter o hábito de atrizes iniciantes de atribuir até mesmo às falas mais ordinárias uma ênfase bem mais dramática do que seria normalmente necessário em uma manhã de terça-feira na 45th Street de Sacramento.

"Na verdade", ela acrescentou então, com a expressão de alguém prestes a revelar uma linda surpresa, "na verdade, eu *realmente* estou precisando de flores."

Ela sorriu para cada um de nós, eu sorri de volta. Nós todos estávamos bastante sorridentes naquela manhã. "E depois", disse o jornalista da televisão, ponderado, vistoriando a mesa de jantar, "ainda que você tenha um arranjo lindo aqui agora, nós poderíamos fazer uma simulação de você arrumando, sabe, as flores."

Todos sorrimos uns para os outros mais uma vez, e então Nancy Reagan caminhou determinada até o jardim, carregando uma cesta decorativa de palha de cerca de quinze centímetros de diâmetro. "Ah, sra. Reagan", o jornalista da televisão a chamou. "Posso saber que flores vai escolher?"

"Ora, não sei", disse ela, parando no degrau do jardim com a cesta na mão. A cena desenvolvia uma coreografia própria.

"Acha que poderiam ser rododendros?"

Nancy Reagan olhou para o arbusto de rododendros de um jeito sério. Então se virou para o jornalista e sorriu. "Você sabia que agora existe uma rosa Nancy Reagan?"

"Ah, não sabia", disse ele.

"É belíssima, ela tem uma cor meio, hum, uma cor meio coral."

"E a rosa... Nancy Reagan seria algo que você provavelmente colheria neste momento?"

Uma gargalhada melodiosa. "Eu poderia colhê-la, com certeza. Mas não a *usaria*." Pausa. "Eu *posso* usar o rododendro."

"Ótimo", disse o jornalista. "Excelente. Agora vou fazer uma pergunta, e se pudesse responder enquanto corta um botão..."

"Enquanto corto um botão", repetiu Nancy Reagan, assumindo seu lugar na frente do arbusto de rododendro.

"Vamos de ensaio", disse um cinegrafista.

O jornalista olhou para ele. "Em outras palavras, com ensaio você quer dizer que quer que ela finja cortar o botão."

"Isso, fingir que corta", disse o cinegrafista. "Fingir que corta."

Estou contando tudo isso porque sempre que penso em Nancy Reagan hoje, penso nela bem assim, o frame congelado, a linda Nancy Reagan prestes a cortar um botão de rododendro grande demais para caber na cesta decorativa de quinze centímetros. Nancy Reagan tem um sorriso interessado, o sorriso de uma boa esposa, uma boa mãe, uma boa anfitriã, o sorriso de quem cresceu com conforto, foi estudar na Smith College, tem um pai que é um neurocirurgião ilustre (a entrada sobre o pai dela no *Who's Who* de 1966-67 é nove linhas maior que a do marido) e um marido que é a definição do Cara Bacana, para não mencionar que ele é o governador da Califórnia, o sorriso de uma mulher que parece estar representando a fantasia de alguma mulher norte-americana de classe média de em torno de 1948. O cenário para essa fantasia está perfeitamente montado, cada detalhe em seu lugar. Ali na casa alugada da 45th Street, lê-se RESIDÊNCIA OFICIAL nas caixinhas brancas de fósforo, mas não é difícil de imaginar que se poderia ler NANCY E RONNIE, e, ali na mesa de centro da sala, repousam as revistas rigorosamente corretas para essa vida que está sendo retratada: *Town & Country*, *Vogue*, *Time*, *Life*, *Newsweek*, *Sports Illustrated*, *Fortune*, *ARTnews*. Tem dois cachorros, chamados Lady e Fuzzy, e duas crianças, chamadas Pattie e Ronnie. Pattie, quinze anos, é descrita como amante das artes e frequenta um colégio interno no Arizona. Ronnie, dez anos, é dito um menino comum e frequenta uma escola particular em Sacramento. Ronnie também é citado como "o Capitão". Todo mundo no cenário sorri, a secretária social, o guarda estadual, a cozinheira, os jardineiros. E, lá no jardim, Nancy Reagan sorri, prestes a cortar o botão de rododendro. "Ah, não, não, *não*", diz ela ao jornalista da televisão, que parece ter feito sua pergunta. "Quanto aos nossos amigos, não houve mudança alguma." Ela escrutina a cesta. "Se tivesse havido uma mudança, bem, eles não seriam nossos amigos. Nossos amigos são... nossos *amigos*."

Mais tarde, no mesmo dia. Nancy Reagan colheu e arrumou os botões de rododendro diversas vezes e a equipe da televisão foi embora. Nancy Reagan me mostrou a sala de jogos, onde o governador, o Capitão e alguns políticos do Legislativo do estado gostam de brincar com trens elétricos. Ela me mostrou os desenhos originais de algumas tiras de *Peanuts*, que Charles Schulz deu ao governador depois de ter declarado o Dia da "Felicidade é ter Charles Schulz como morador da Califórnia". Ela me mostrou uma fotografia do governador fazendo um cavalo saltar. ("Sua égua Nancy D", ela divagou, "que morreu no dia em que chegamos a Sacramento.") Ela me contou que o governador nunca usava maquiagem, nem nos filmes, e que a política é mais difícil que o cinema porque você não tem o estúdio para protegê-lo. Fomos para o centro da cidade e ela me mostrou como trocou as paredes de couro acolchoado do Capitólio Estadual ("escuro, horrível, puído") por uma juta bege e cobriu o chão com um carpete de um tom agradável de verde. "É importante para um homem ter um lugar bonito para trabalhar", me aconselhou. Ela me mostrou o vaso de boticário que mantém sempre cheio de balas na mesa do governador. Ela me mostrou como cumprimenta as escoteiras quando cruza com elas nos corredores do Capitólio.

Ela me mostrou todas essas coisas e agora estamos de volta na sala de estar da casa alugada na 45th Street, esperando o Capitão chegar da escola. A chegada do Capitão, me contaram, é o ponto alto do dia de Nancy Reagan.

O Capitão deve chegar às 15h20. Ele frequenta uma escola particular e volta para casa de carona. Nesse dia, o responsável pela carona é Ronald Azavedo, um policial rodoviário do estado designado para os Reagan. Esperamos um pouco mais, porém não ouvimos o carro chegar. Nancy Reagan vai até a escadaria e fica escutando por um tempo. "Acho que ele escapuliu pela escada dos fundos", diz ela. "Ronnie? Ronnie?"

Ronnie não parece ter planos de aparecer. "Tchau", diz ele, de algum lugar.

"Venha aqui um minutinho, Ronnie."

"Oi", diz ele, aparecendo na soleira da porta.

"Como está o resfriado de Chuck?", pergunta Nancy Reagan.

"Chuck não está resfriado."

"Chuck não está resfriado?"

"Não. Bruce pôs aparelho."

"Bruce pôs aparelho", repete Nancy Reagan.

"Tchau", diz o Capitão.

"Tchau", digo.

Nancy Reagan sorri, radiante, para mim, e chama Ronald Azavedo para que ele me leve de volta ao centro da cidade. "Não acho correto ser uma mãe ausente", diz ela para mim. "Não acho."

1968

Pais, filhos, Águias Gritantes

"ESPERO QUE você não ache que sou hippie", disse o homem com quem eu estava conversando no Crown Room do Hotel Stardust, na Strip de Las Vegas, em Nevada. "Só estou meio que, você sabe, deixando a barba crescer." No seu crachá lia-se SKIP SKIVINGTON. Ele devia ter quarenta e poucos anos, tinha estado em Bastogne com a 101ª Divisão Aerotransportada em 1944, sua voz era gentil e traía um arrependimento, e eu não achei que fosse hippie. Era a primeira noite do 23º encontro anual da Associação da 101ª Aerotransportada, um fim de semana em Las Vegas pouco tempo atrás. Do lado de fora, o céu de fim de verão ardia o dia todo e a noite toda, e do lado de dentro era eternamente frio, acarpetado e impossível de distinguir o dia da noite, e aqui, no Crown Room do Stardust, acompanhando por uma quantidade considerável de esposas e algumas poucas crianças, estavam algumas centenas de sobreviventes da Normandia, de Bastogne, da Batalha das Ardenas. Eu tinha vindo de Los Angeles para encontrá-los e soube que os havia encontrado quando entrei no bar do Stardust e vi alguns homens de camisetas esportivas e boinas militares. "Espere só um minuto", um deles estava dizendo. "Preciso terminar esta cerveja." De tarde, eles tinham tomado posse da piscina do Stardust para uma festa da cerveja e agora estavam fazendo fila no buffet para o jantar (rosbife, presunto, salada de repolho, rodelas de beterraba, rodelas de tomate, queijo americano e pãezinhos para acompanhar), enchendo os pratos, procurando uma mesa e estalando os grilos de metal que haviam sido o código de identificação da 101ª Divisão no Dia D. "General McAuliffe, *General*", chamou um homem abatido, usando a boina militar, ao se esgueirar por entre as mesas levando pela mão uma criança pequena, de dois ou três anos de idade. "Veja o menino. Eu queria lhe mostrar o menino."

Quase todos os outros tinham encontrado amigos e uma mesa naquele momento, mas Skip Skivington permanecia comigo. Estava me contando do filho dele. O filho dele, disse, estava desaparecido no Vietnã desde o Dia das Mães. Eu não sabia o que dizer, mas como Skip Skivington estava na ativa da 101ª Divisão Aerotransportada, perguntei se o filho dele tinha feito parte da 101ª. O pai olhou para mim e depois desviou o olhar. "Eu o dissuadi", disse enfim. Enfiou a mão no bolso do casaco e tirou de lá um recorte de jornal protegido por um plástico transparente, uma reportagem sobre o filho: onde tinha feito o ensino médio, o informe de que estava desaparecido, o combate em que tinha sido visto pela última vez. Havia um retrato do jovem, o rosto impreciso nas marcas de impressão, um loiro de dezoito anos sorrindo sentado numa pedra. Devolvi o recorte a Skip Skivington e, antes de guardá-lo de volta no bolso, ele olhou para o papel por um bom tempo, alisou um vinco inventado e escrutinou o pedaço de papel-jornal como se contivesse alguma resposta.

O rosto impreciso do menino e o rosto preciso do pai não saíram da minha cabeça durante toda a noite, todo o fim de semana, e talvez tenham sido os rostos deles que fizeram aqueles poucos dias em Las Vegas parecerem tão carregados de perguntas não feitas, ambiguidades apenas vagamente percebidas. De modo geral, o encontro foi uma ocasião feliz. As esposas estavam usando vestidos lindos, todo mundo gostou de Las Vegas e concordou que aquele era definitivamente o melhor lugar para o encontro ("Estive em todos os encontros e nunca vi tantos caras como aqui em Vegas, Vegas é decididamente o melhor lugar para isso."), concordou que o Lido, o teatro de revista do Stardust, era... bem, seios de fora são chocantes, mas as moças eram uma graça e tudo foi feito com tanto bom gosto, principalmente o número de patinação no gelo, que foi uma obra-prima. Havia reuniões a fazer, honrarias como a Gold Star Mother, para a sra. C. J. (Mãe) Miller, a serem distribuídas. Havia um novo presidente da associação a ser empossado. "Obrigada, Bernie, colegas Águias Gritantes", disse o novo presidente, "homens da 101ª, nossas esposas, nossos amigos, nossas Gold Star Mothers..."

Houve um almoço das esposas, um quarto reservado para o evento. "Vou ficar zanzando pelo hotel de tarde. Não vou *tocar* naquele quarto reservado até depois das duas", disse uma pessoa com quem eu estava conversando. Havia filmes do Exército, e me juntei a algumas poucas esposas na escuridão refrescante e fui informada sobre o futuro do

Comando de Armas, uma responsabilidade do Aprovisionamento. As esposas tiravam os sapatos e verificavam pedaços de papel. "Sem contar umas moedas no aeroporto", disse uma delas, "perdemos vinte e sete dólares ontem e ganhamos doze dólares hoje. Não é tão ruim, é um ganho *líquido*." Havia telegramas a serem enviados para os da 101ª que estavam no Vietnã ("Façam essa águia continuar gritando."), e telegramas a serem lidos, de Hubert Humphrey ("Não somos um país que perdeu o caminho, mas um país procurando o melhor caminho."). Havia até mesmo um Teen Room [Quarto Infantil], onde um punhado de crianças estava sentado em cadeiras dobráveis, olhando para um teclado Wurlitzer em um tédio carrancudo.

E é claro que havia discursos. Maxwell Taylor apareceu para indicar semelhanças entre a Batalha das Ardenas e a Ofensiva do Tet. "Inclusive, essas coisas foram noticiadas, muitas pessoas tinham a impressão de que estávamos perdendo a Ardenas, assim como hoje elas têm a impressão de que..." Um coronel do Vietnã apareceu, chegou de avião para garantir aos convidados que as operações realizadas lá se caracterizavam por seu *esprit* elevado, determinação robusta, que "os homens no Vietnã são exatamente como vocês eram, como eu era, vinte, 25 anos atrás". O general Anthony McAuliffe apareceu, o homem que disse "malucos" quando os alemães ordenaram a rendição em Bastogne, e disse que estaria com o grupo na Holanda no ano seguinte para celebrar o 25º aniversário da invasão europeia. "Vamos visitar nossos amigos belgas", disse ele, "e reavivar as memórias da grande aventura que vivemos lá."

E é claro que era essa a situação, era isso. Eles de fato tinham vivido uma grande aventura, uma aventura imprescindível, e quase todos da sala tinham dezenove ou vinte anos de idade quando a viveram, e tinham sobrevivido, voltado para casa, as esposas haviam gerado filhos, e agora esses filhos tinham dezenove, vinte, e talvez desta vez não fosse uma aventura tão grande. Talvez fosse difícil imprimir a mesma urgência à manutenção de uma posição em um ou outro povoado vietnamita, como tinham imprimido na libertação da Europa. Na noite dos discursos, me sentei ao lado de um homem chamado Walter Davis e de sua esposa, uma mulher de rosto delicado e vestido preto. Walter Davis saltou na Holanda em 1944, hoje trabalha para a companhia de seguros Metropolitan Life em Lawndale, na Califórnia, e tem três filhos, uma filha de dezoito, um filho de catorze e uma filha de três. Havia uma garota holandesa na mesa e a sra. Davis pediu a ela que escrevesse um bilhete em holandês para o seu filho. "Eddie está na idade de se interessar por tudo que o pai fez quando era adolescente, tudo sobre a guerra e a Holanda", disse a sra. Davis. Conversamos brevemente e, porque aqueles rostos ainda estavam muito presentes na minha cabeça, comentei que tinha conhecido uma pessoa cujo filho estava desaparecido no Vietnã. Walter Davis ficou em silêncio por um tempo. "Naquela época, eu nunca pensava na morte", disse ele de repente, depois de um momento. "Hoje em dia, penso diferente. Naquela época, eu não pensava nessa situação do ponto de vista dos pais. Eu tinha dezoito, dezenove anos. Eu queria ir, não suportava a ideia de não ir. Eu pude conhecer Paris, Berlim, pude ir a lugares sobre os quais tinha ouvido falar, mas nunca tinha sonhado conhecer. Agora tenho um filho, bom, talvez ele tenha que ir daqui a quatro anos." Walter Davis partiu um paõzinho, passou manteiga nele com cuidado e deixou-o no prato, sem tocar. "Hoje em dia, penso diferente", disse ele.

1968

Por que escrevo

OBVIAMENTE ROUBEI de George Orwell o título para este ensaio. Um dos motivos para tê-lo roubado é que gosto do som dessas palavras: *Why I Write*, "por que escrevo". São três palavras curtas e cristalinas que compartilham um mesmo som, e o som que compartilham é este:

I

I

I

[Eu, Eu, Eu]

Escrever é, em muitos aspectos, o ato de dizer "eu", de se impor em relação a outras pessoas, de dizer *me escute, olhe para isso do meu jeito, mude de ideia*. É um ato agressivo, até mesmo hostil. Você pode disfarçar essa agressividade quanto quiser com véus de orações subordinadas, advérbios, subjuntivos que expressem algo hipotético ou desejado, com elipses e subterfúgios — com todas as maneiras de sugerir em vez de asseverar, de aludir em vez de afirmar —, mas não há como escapar do fato de que inscrever palavras no papel é a tática de um agressor secreto, uma invasão, uma imposição da sensibilidade do escritor no espaço mais pessoal do leitor.

Roubei o título não apenas porque as palavras soam precisas, mas porque elas parecem sintetizar, de um jeito bem direto, tudo o que tenho a dizer. Como muitos escritores, tenho esse único "tema", essa única "área": o ato de escrever. Não posso dar notícias de qualquer outro fronte. Até tenho outros interesses: me "interesso", por exemplo, por biologia marinha, mas não consigo me convencer de que vocês viriam até aqui para me ouvir falar disso. Não sou uma acadêmica. Não sou nem sequer uma intelectual, o que não quer dizer que, ao ouvir a palavra "intelectual", eu saia correndo, apenas que não penso de maneira abstrata. Nos anos em que frequentei Berkeley, eu tentei, com uma espécie de energia desesperançosa de uma adolescência tardia, negociar um visto temporário para o mundo das ideias, forjar para mim uma cabeça que conseguisse lidar com o abstrato.

Em resumo, tentei pensar. Falhei. A minha atenção dava uma guinada inexorável, voltando-se para o que era específico, tangível, para aquilo que de modo geral era considerado, por todo mundo que eu conhecia naquela época, e inclusive por todos que conheci desde então, periférico. Eu tentava refletir sobre a dialética hegeliana e me pegava concentrada em uma pera florescendo na árvore do lado de fora da minha janela e na maneira peculiar como as pétalas caíam no chão. Eu tentava ler teoria linguística e me pegava imaginando se o acelerador de partículas Bevatron, colina acima, estaria ligado. Quando digo que estava imaginando se o Bevatron estaria ligado, vocês podem imediatamente desconfiar, caso trabalhem com ideias, que eu estava me referindo ao Bevatron como um símbolo político, pensando em uma imagem para o complexo militar e industrial e seu papel na comunidade universitária, mas vocês estariam equivocados. Eu estava apenas imaginando se o Bevatron estava ligado e como seria isso. Um fato concreto.

Tive dificuldade para me formar em Berkeley, não devido à minha falta de habilidade para lidar com ideias — eu estava me graduando em Letras e conseguia identificar as imagens campestres em *Retrato de uma senhora* como qualquer outra pessoa, uma vez que "imagens" eram a definição do tipo de coisas específicas que chamavam a minha atenção —, mas simplesmente porque deixei de fazer uma disciplina sobre Milton. Por motivos que agora me parecem extravagantes, eu precisava de um diploma até o fim daquele verão, e o departamento de Letras enfim concordou que, se eu fosse todas as sextas até Sacramento falar sobre a cosmologia em *Paraíso perdido*, eles certificariam que tenho conhecimento sobre Milton. Foi o que fiz. Em algumas sextas-feiras, eu pegava o ônibus para a estação Greyhound; em outras, o trem City of San Francisco, da linha Southern Pacific, no último trecho de seu percurso transcontinental. Não sei mais dizer a vocês se Milton colocou o Sol ou a Terra no centro de seu universo em *Paraíso perdido*, a questão central de pelo menos um século e um tema sobre o qual escrevi dez mil palavras naquele verão, mas ainda me recordo com exatidão do ranço da manteiga do vagão-restaurante do City of San Francisco e a maneira como as janelas escurecidas do ônibus Greyhound lançam uma luz acinzentada e misteriosamente sinistra nas refinarias de petróleo no entorno de Carquinez Strait. Ou seja, a minha atenção estava sempre voltada para o periférico, para o que eu conseguia ver, experimentar, tocar, para a manteiga e para o ônibus Greyhound. Durante aqueles anos, eu viajava com um passaporte que sabia ser muito duvidoso, documentos falsificados: sabia que não era uma habitante legítima de nenhum mundo de ideias. Sabia que eu não conseguia pensar. Tudo o que sabia, naquela época, era do que eu não conseguia fazer. Tudo o que sabia, naquela época, era o que eu não era, e levei alguns anos para descobrir o que eu era.

Eu era uma escritora.

Não estou dizendo que eu era uma "boa" escritora ou uma "má" escritora, era apenas uma escritora, alguém que passa as suas horas mais absortas e apaixonadas organizando palavras em folhas de papel. Se as minhas qualificações fossem boas, eu nunca teria me tornado escritora. Se eu tivesse sido abençoada com uma via de acesso, ainda que limitado, à minha própria mente, não teria havido motivo para escrever. Escrevo exclusivamente para descobrir o que estou pensando, o que estou observando, o que eu vejo e o que isso significa. O que eu quero e o que eu temo. Por que as refinarias de petróleo em torno de Carquinez Strait me parecem sinistras no verão de 1956? Por que as luzes noturnas do Bevatron ficaram queimando a minha cabeça por vinte anos? *O que está acontecendo nessas imagens na minha cabeça?*

Quando me refiro a imagens na minha cabeça, estou falando especificamente de imagens que têm bordas brilhantes. Em todo livro básico de psicologia vinha a ilustração de um gato desenhado por um paciente em estágios variados de esquizofrenia. Havia um brilho ao redor desse gato. Era possível ver a estrutura molecular se quebrando nas bordas do gato: o gato se transformou em fundo, e o fundo, em gato, tudo interagindo entre si, trocando íons. Pessoas sob efeito de alucinógenos descrevem a mesma percepção de objetos. Não sou esquizofrênica nem uso alucinógenos, mas algumas imagens brilham para mim. Se você olhar bem, não há como não perceber o brilho. Ele está ali. Não se pode pensar demais sobre essas imagens que brilham. Você apenas mantém a discrição e deixa elas se desenvolverem. Você fica quieto. Não fala com muitas pessoas, impede seu sistema nervoso de entrar em curto-circuito, tenta localizar o gato no meio do brilho, a gramática na imagem.

O sentido de "gramática" é tão literal quanto o de "brilho". A gramática é uma música que sei de cor, uma vez que, aparentemente, eu não estava na escola quando mencionaram as regras. Tudo o que sei de gramática é que ela tem um poder infinito. Mudar a estrutura de uma frase altera o sentido dela, tão definitiva e irredutivelmente quanto a mudança na posição de uma câmera altera o significado do objeto fotografado. Hoje muita gente tem conhecimento sobre ângulos de câmera, mas não são muitas as pessoas que conhecem frases. A organização das palavras é relevante, e a organização que você quer pode ser encontrada na imagem da sua cabeça. A imagem define a organização.

A imagem define se essa frase vai ter ou não orações subordinadas ou coordenadas, se vai ser uma frase que termina forte ou uma frase que desvanece, curta ou comprida, na voz ativa ou passiva. A imagem lhe diz como organizar as palavras, e a organização das palavras lhe diz, ou me diz, o que está acontecendo na imagem. *Nota bene*:

Ela lhe diz.

Não é você que diz a ela.

Vou te mostrar o que quero dizer com imagens na cabeça. Comecei *Play It as It Lays* como comecei todos os meus outros romances, sem fazer ideia do "personagem", ou do "enredo", ou mesmo do "incidente". Eu tinha apenas duas imagens na cabeça, já falo mais sobre elas, e uma intenção técnica, que era escrever um romance tão elíptico e rápido que ele chegaria ao fim antes que se percebesse, um romance tão rápido que ele mal chegaria a existir na página. Quanto às imagens: a primeira era um espaço em branco. Um espaço vazio. Essa foi nitidamente a imagem que definiu a intenção narrativa do livro — um livro em que qualquer acontecimento aconteceria fora da página, um livro "branco" para o qual o leitor teria que trazer os próprios pesadelos — e, no entanto, essa imagem não me contava "história" alguma, não sugeria uma situação. A segunda imagem, sim. Essa segunda imagem era de algo que eu tinha de fato presenciado. Uma mulher jovem de cabelo comprido, usando um vestido frente única, curto e branco, atravessa o cassino no hotel Riviera, em Las Vegas, a uma da manhã. Ela cruza o cassino sozinha e atende o telefone fixo. Eu a observo porque a tinha ouvido ser chamada e reconheci o nome: é uma atriz pouco reconhecida que vejo por Los Angeles de vez em quando, em lugares como o Jax, e uma vez no consultório de um ginecologista na Clínica Beverly Hills, mas que nunca cheguei a conhecer. Quem está atrás dela? Por que ela está aqui esperando ser chamada? Como ela veio parar aqui? Foi justamente isso, esse momento em Las Vegas, que fez com que *Play It as It Lays* começasse a se contar para mim, mas esse momento aparece apenas de modo oblíquo no romance, em um capítulo que começa assim:

> Maria fez uma lista de coisas que ela jamais faria. Ela jamais: andaria sozinha pelo Sands ou pelo Caesar's depois da meia-noite. Ela jamais: transaria numa festa, faria SM a não ser que quisesse, pegaria peles de Abe Lipsey emprestadas, venderia drogas. Ela jamais: carregaria um Yorkshire em Beverly Hills.

Este é o começo do capítulo e é também o fim do capítulo, o que talvez dê uma ideia do que eu quis dizer com "espaço em branco".

Eu me recordo de ter uma série de imagens na cabeça quando comecei o romance que terminei recentemente, *A Book of Common Prayer*. Na verdade, uma delas era aquela imagem do Bevatron que já mencionei, embora eu fosse ter muita dificuldade para contar a vocês uma história que envolvesse energia nuclear. Outra imagem era uma fotografia de jornal de um 707 sequestrado pegando fogo no deserto do Oriente Médio. Outra era a vista noturna de um quarto onde certa vez passei uma semana com febre paratifoide, um quarto de hotel no litoral da Colômbia. O meu marido e eu estávamos no litoral da Colômbia aparentemente representando os Estados Unidos em um festival de cinema (eu me recordo de invocar muitas vezes o nome de Jack Valenti, como se a reiteração desse nome pudesse me fazer melhorar), e esse era um lugar péssimo para se ter febre, não apenas porque a minha indisposição ofendia nossos anfitriões, mas porque toda noite o gerador desse hotel parava de funcionar. As luzes se apagavam. O elevador parava. O meu marido ia para o evento da noite e inventava desculpas para mim e eu ficava sozinha nesse quarto de hotel, no escuro. Eu me lembro de ficar parada à janela tentando telefonar para Bogotá (o telefone parecia funcionar segundo o mesmo princípio que o gerador), assistindo ao vento da noite subir e me perguntando o que eu estava fazendo a onze graus acima do Equador com 39 de febre. A vista daquela janela está definitivamente presente em *A Book of Common Prayer*, assim como o 707 pegando fogo, e, no entanto, nenhuma delas me contou a história de que eu precisava.

A imagem que de fato contou, a imagem que brilhou e fez com que essas outras se fundissem, foi a do aeroporto do Panamá às seis da manhã. Estive apenas uma vez nesse aeroporto, em um avião rumo a Bogotá que fez uma escala de uma hora ali para reabastecimento, mas o seu aspecto naquela manhã se sobrepôs a tudo que vi até o dia em que terminei *A Book of Common Prayer*. Morei por muitos anos naquele aeroporto. Ainda consigo sentir o ar quente de quando pus o pé para fora do avião, consigo ver o calor subindo do asfalto às seis da manhã. Consigo sentir a saia úmida e amassada nas minhas pernas. Consigo sentir o asfalto grudar na minha sandália. Eu me lembro do som da máquina caça-níqueis na sala de espera. Eu poderia dizer a vocês que me lembro de uma mulher em específico no aeroporto, uma mulher americana, uma *norteamericana*, uma *norteamericana* magra de cerca de quarenta anos que usava um anel com uma esmeralda quadrada imensa no lugar de uma aliança, mas ali não havia uma mulher assim.

Foi depois que coloquei essa mulher no aeroporto. Inventei essa mulher, assim como depois inventei um país onde colocar o aeroporto e uma família para governá-lo. Essa mulher no aeroporto não foi pegar um avião nem encontrar alguém. Ela está pedindo um chá na cafeteria do aeroporto. Na verdade, ela não está apenas "pedindo" um chá, mas insistindo que fervam a água, na frente dela, durante vinte minutos. Por que essa mulher está no aeroporto? Por que ela não está indo a lugar algum, de onde ela veio? Onde ela arrumou aquela esmeralda imensa? Que tipo de insanidade ou dissociação era essa que a fazia acreditar que havia alguma chance de se realizar o seu desejo de ver a água sendo fervida?

Ela tinha ido de um aeroporto a outro durante quatro meses, podia-se notar pelos vistos do passaporte. Todos aqueles aeroportos onde o passaporte de Charlotte Douglas foi carimbado se pareciam. Às vezes a placa na torre dizia BIEN-VENIDOS, às vezes a placa na torre dizia BIENVENUE, alguns lugares eram úmidos e quentes; outros, secos e quentes, mas em cada um desses aeroportos as paredes pálidas de concreto ficavam enferrujadas e manchadas, o pântano ao lado da pista de decolagem se entulhava de fuselagem de Fairchild F-227 canibalizados e a água precisava ser fervida.

Eu sabia por que Charlotte ia aos aeroportos, ainda que Victor não soubesse.

Eu conhecia aeroportos.

Esse trecho aparece mais ou menos na metade de *A Book of Common Prayer*, mas eu o escrevi na segunda semana de trabalho nesse livro, muito antes de ter ideia de onde Charlotte Douglas tinha estado ou por que ela ia a aeroportos. Até escrever esse trecho, eu não tinha em mente nenhum personagem chamado Victor: a necessidade de mencionar um nome, e o nome Victor, me ocorreu ao escrever a frase. "Eu sabia por que Charlotte ia aos aeroportos" soava incompleta. "Eu sabia por que Charlotte ia aos aeroportos, ainda que Victor não soubesse" trazia uma motivação mais narrativa. Mais importante que isso, até escrever esse trecho eu não sabia quem era "eu", quem estava contando a história. Até aquele momento, eu tinha desejado que o "eu" não passasse de uma voz do autor, um narrador onisciente do século XIX. Mas eis que:

"Eu sabia por que Charlotte ia aos aeroportos, ainda que Victor não soubesse."

"Eu conhecia aeroportos."

Esse "eu" não era a voz de um autor que eu conhecesse. Esse "eu" era alguém que não apenas sabia por que Charlotte ia ao aeroporto como conhecia alguém chamado Victor.

Quem era Victor? Quem era esse narrador? Por que esse narrador estava me contando essa história? Vou contar a vocês uma coisa a respeito de por que escritores escrevem: se eu soubesse a resposta para alguma dessas perguntas, eu nunca teria precisado escrever um romance.

1976

Contar histórias

NO OUTONO de 1954, quando eu tinha dezenove anos e estava no terceiro ano de Berkeley, fui aceita, dentre talvez uma dezena de outros alunos, na disciplina "Inglês 106A" do falecido Mark Schorer, uma espécie de "oficina para escritores" que, por três horas semanais, os reunia para debates e que exigia que cada aluno produzisse pelo menos cinco contos ao longo do semestre. Não havia alunos ouvintes. Falávamos em voz baixa. No outono de 1954, a "Inglês 106A" foi amplamente considerada uma espécie de experiência religiosa, uma iniciação no mundo sério dos escritores de verdade, e eu me lembro de cada encontro como um momento de animação aguda e pavor. Eu me lembro de que todas as outras pessoas dessa turma eram mais velhas e mais inteligentes do que eu tinha esperança de ser um dia (ainda não tinha me ocorrido, de um jeito visceral, que ter dezenove anos não era uma realidade de longo prazo), não apenas mais velhos e mais inteligentes, mas mais experientes, mais independentes, mais interessantes, mais detentores de um passado exótico: casamentos e o fim de casamentos, dinheiro e a falta dele, sexo, política e a visão do Adriático ao amanhecer; não apenas a matéria da vida adulta em si, mas, de modo mais pungente para mim na época, exatamente a matéria que poderia ser transubstanciada em cinco contos. Eu me recordo de um trotskista de cerca de quarenta anos. Me recordo de uma mulher jovem que vivia com um homem descalço e um cachorro branco imenso em um porão iluminado apenas por velas. Me recordo de discussões em sala de aula que variavam entre reuniões com Paul e Jane Bowles, incidentes envolvendo Djuna Barnes, anos passados em Paris, em Beverly Hills, no Yucatán, no Lower East Side de Nova York e na Repulse Bay e até mesmo sob morfina. Eu tinha passado dezessete dos meus dezenove anos em Sacramento e os outros dois na casa Tri Delta, na Warring Street, em Berkeley. Nunca tinha lido nem Paul, nem Jane Bowles, muito menos os conhecido, e, cerca de quinze anos depois, quando conheci Paul Bowles na casa de um amigo em Santa Monica Canyon, fiquei imediatamente tão burra e espantada quanto aos meus dezenove anos frequentando a "Inglês 106A".

Em suma, eu não tinha um passado e todas as segundas, quartas e sextas-feiras, ao meio-dia, no Dwinelle Hall, parecia ficar cada vez mais claro para mim que eu não tinha um futuro. Vasculhei o meu armário atrás de roupas que me tornassem invisível na aula e aparecia com apenas uma capa de chuva suja. Vestida com essa capa, eu me sentava, ficava ouvindo os contos dos outros sendo lidos em voz alta e perdia as esperanças de um dia saber o que eles sabiam. Participei de todos os encontros dessa disciplina e nunca abri a boca. Consegui escrever apenas três dos cinco contos exigidos. Recebi — apenas porque o sr. Schorer, hoje penso, um homem de bondade infinita e sagacidade em relação aos alunos, adivinhou intuitivamente que o meu desempenho débil era o resultado de uma paralisia adolescente, de uma ânsia em ser boa e um pavor de nunca conseguir ser, do terror de que qualquer frase que eu confiasse ao papel me revelaria como *não sendo boa o suficiente* — uma nota B. Não escrevi mais conto algum durante exatamente dez anos.

Quando digo que não escrevi mais conto algum durante exatamente dez anos, não quero dizer que não escrevi absolutamente nada. Na verdade, escrevia sem parar. Quando saí de Berkeley, passei a escrever como profissão. Fui para Nova York, escrevi um texto de merchandising não assinado para a *Vogue* e um texto de propaganda não assinado para a *Vogue* (havia uma diferença clara entre os dois, mas que poucos conheciam, e tentar explicá-la seria como definir, para a Federação Americana do Trabalho e Congresso de Organizações Industriais [AFL-CIO], dois trabalhos aparentemente semelhantes na linha de montagem da Ford em Pico Rivera, na Califórnia), e depois de um tempo escrevi textos editoriais não assinados para a *Vogue*. Um trecho do último: "Ao lado, acima: por toda a casa, cor, verve, tesouros improvisados em convivência feliz, mas incomum. Aqui, um Frank Stella, um painel de vitrais *art nouveau*, um Roy Lichtenstein. Fora de exibição: uma mesa coberta com um tecido oleado realmente brilhoso, um achado mexicano a quinze centavos por metro".

Desdenhar desse tipo de "escrita" é fácil, e menciono isso em especial por não desdenhar dela de modo algum: foi na *Vogue* que aprendi a ter uma espécie de facilidade com as palavras, um modo de olhar para as palavras não como espelhos da minha própria inadequação, mas como ferramentas, brinquedos, armas a serem mobilizadas estrategicamente no papel. Em uma legenda de oito linhas, digamos, cada linha contendo 27 caracteres, nem mais nem menos, cada letra, e não apenas cada palavra, importava. Na *Vogue*, você aprendia rápido, se não era mandado embora, a brincar com as palavras, a jogar algumas orações subordinadas desajeitadas na máquina de escrever e tirá-las de lá transformadas em uma frase simples, composta de exatamente 39 caracteres. Éramos especialistas em sinônimos. Éramos colecionadores de verbos. (Eu me recordo que *ravish* [arrebatar] foi um verbo bastante utilizado em uma série de edições, e me recordo também que, em mais uma série de edições, ele deu origem a um substantivo também bastante utilizado: *ravishments* [arrebatamentos], como em "mesas cheias de tulipas de porcelana, ovos Fabergé, outros arrebatamentos".) Tornaram-se nosso reflexo natural os truques gramaticais que, na escola, aprendemos serem apenas detalhes ("havia duas laranjas e uma maçã" soa melhor que "havia uma maçã e duas laranjas", a voz passiva torna as frases mais lentas, "isso" precisava estar associado a algo rápido de encontrar em uma batida de olhos), aprendemos a confiar no dicionário, aprendemos a escrever e reescrever e reescrever mais uma vez. "Faça de novo, querida, você ainda não chegou lá." "Coloque um verbo forte nessas duas linhas." "Corte, limpe, vá direto ao ponto." Menos era mais, leve era melhor; e a precisão absoluta, essencial para a grande ilusão mensal. No final dos anos 1950, trabalhar na *Vogue* não era muito diferente de treinar com a companhia de dança das Rockettes.

Tudo isso foi salutar, especialmente para alguém que por alguns anos trabalhou sob a ilusão de que juntar uma frase com outra era correr o risco de ter o resultado comparado, ampla e desfavoravelmente, a *A taça de ouro*. Aos poucos, à noite, entre um prazo e outro e em vez de ir almoçar, comecei a brincar com as palavras, não para a *Vogue*, mas para mim mesma. Comecei a fazer anotações. Comecei a escrever tudo o que via, ouvia, lembrava e imaginava. Comecei a escrever, ou assim pensei, outro conto. Eu vinha pensando em um conto sobre uma mulher e um homem em Nova York:

Ela não conseguia mais se concentrar no que ele estava dizendo, pois tinha pensado em uma coisa que aconteceu na Califórnia no inverno em que ela tinha quinze anos. Não havia motivo para se lembrar disso naquela tarde, mas a lembrança trazia toda aquela clareza urgente e brilhante, específica das coisas que aconteceram muito tempo atrás em outra parte do país. Houvera uma semana de chuva forte naquele dezembro, e os rios do vale estavam em um estágio de inundação iminente. Eram as férias de Natal, e todas as manhãs ela se levantava e encontrava a casa mais fria e úmida do que na véspera. Ela e a mãe tomavam café da manhã juntas, olhando para a chuva através da janela da cozinha e assistindo à água correr pelo barranco que separava a propriedade delas da do dr. Wood. "Toda a colheita perdida", dizia a mãe sem emoção todas as manhãs no café.

"Toda a colheita, arrastada para o inferno." Então ela se servia de outra xícara de café e observava, resignada, aquilo que para ela era óbvio, mesmo que não fosse para os engenheiros do Exército, que os diques não aguentariam por muito mais tempo. A cada quinze minutos as duas ouviam boletins funestos no rádio dizendo quando e onde os rios atingiriam os níveis mais altos. Certa manhã, o Sacramento subiu a mais de nove metros e, quando anunciaram que no dia seguinte chegaria a mais de onze, os engenheiros começaram a evacuar os ranchos rio acima. Em algum momento naquela manhã seguinte, um dique cedeu sessenta quilômetros a montante de Sacramento, e os jornais da véspera de Natal trouxeram fotografias aéreas do dique desmoronando debaixo de cortinas de água lamacenta e de famílias apinhadas no telhado das casas em seus roupões de banho. As pessoas que tinham sido evacuadas afluíram para a cidade durante toda aquela noite, para dormir em ginásios escolares e nos salões paroquiais das igrejas.

"O que você vai fazer", perguntou ele, tão interessado quanto se estivesse assistindo a uma peça profundamente fascinante.

"Vou para a Califórnia trabalhar na colheita", disse ela, com a voz entediada.

Chuva: folhas molhadas, ruas escuras.

Passando pelo rancho Horst, cordas de fibra de lúpulo amolecidas na chuva.

Tábuas de piso laminado molhadas e baratas. Incêndio na casa da sra. Miles: comprar um vestido para usar em festas.

Por toda parte, pessoas vendo a chuva das janelas.

Na mesa de jantar, prataria e toalhas de linho esquecidos depois das festas.

Danças.

Sob a chuva, grelhas onde o fogo nunca pega.

Qualquer lugar em que penduro o meu chapéu é, para mim, um lar doce lar.

Era assim que "começava" esse conto em que eu vinha pensando, esse conto que eu acreditava ser sobre uma mulher e um homem em Nova York — uso a palavra "começar" apenas para sintetizar, uma vez que não se pode dizer que exista um começo de verdade para algo tão bruto e inacabado — e eram assim algumas das anotações que fiz, tentando colocar no papel as coisas que eu queria na história. As anotações não têm nada a ver com uma mulher e um homem em Nova York, definitivamente. As anotações — a prataria esquecida na mesa de jantar depois das festas, as grelhas sob a chuva onde o fogo nunca pegou, aqueles números sobre quando e onde o rio Sacramento acalmaria — significam apenas isso: *lembre-se*. As anotações revelam que o que eu tinha na cabeça de verdade naquele ano em Nova York — *tinha na cabeça*, em oposição ao que *estava pensando* — era saudade da Califórnia, um banzo, uma nostalgia tão obsessiva que não era possível imaginar mais nada. Para descobrir o que eu tinha na cabeça eu precisava de espaço. Eu precisava de espaço para os rios, para as chuvas, para a maneira como as amêndoas floresceram ao redor de Sacramento, espaço para valas de irrigação e espaço para o medo de fornalhas, espaço para brincar com tudo aquilo de que eu me lembrava e não entendia. No fim das contas, não escrevi um conto sobre uma mulher e um homem em Nova York, mas um romance sobre a esposa de um produtor de lúpulo no rio Sacramento. Esse foi o meu primeiro romance e se chamava *Run River*, e eu não o tinha muito claro na cabeça até cinco anos depois, quando estava chegando ao fim dele. Suspeito que escritores de contos tenham mais certezas do que isso.

Contos exigem uma certa consciência das próprias intenções, um certo estreitamento do foco. Vou dar um exemplo. Em determinada manhã de 1975, eu estava a bordo de um avião Pan American no voo das 8h45 da manhã de Los Angeles para Honolulu. Antes da decolagem em Los Angeles houve "problemas mecânicos" e um atraso de meia hora. Durante esse atraso, as aeromoças serviram café e suco de laranja, duas crianças brincaram de pega-pega no corredor e, em algum lugar atrás de mim, um homem começou a gritar com uma mulher, que parecia ser sua esposa. Digo que a mulher parecia ser a esposa apenas porque o tom da repreensão dele soou rotineiro, embora as únicas palavras que ouvi claramente tenham sido estas: "Você está me dando vontade de te matar". Depois de um tempo, notei a porta do avião abrindo algumas fileiras atrás de mim e o homem correndo para fora. Havia muitos funcionários da Pan American correndo para lá e para cá e uma confusão considerável. Não sei se o homem embarcou de novo antes da decolagem ou se a mulher foi para Honolulu sozinha, mas fiquei pensando nisso durante todo o trajeto pelo Pacífico. Pensei nisso enquanto bebia um xerez com gelo, pensei nisso durante o almoço, ainda estava pensando nisso quando a primeira ilha do Havaí apareceu na ponta da asa esquerda. No entanto, foi só quando passamos pelo vulcão Diamond Head e estávamos descendo, sobrevoando o recife, para aterrissar em Honolulu, que entendi o que mais me incomodava nesse incidente: ele me incomodava porque parecia um conto, um daqueles contos com uma "pequena epifania" ou que "abrem uma janela para o mundo", um daqueles contos em que o protagonista vislumbra uma crise na vida de um desconhecido — uma mulher chorando em uma sala de chá, muitas vezes, ou um acidente visto da janela de um trem, sendo que "salas de chá" e "trens" ainda são um ponto de apoio de contos, embora não da vida real — e é tocado de modo a enxergar a própria vida sob um nova luz. Mais uma vez, a minha antipatia se dava pela minha necessidade de espaço para brincar com o que eu não entendia. Eu não estava indo para Honolulu porque queria ver a vida reduzida a um conto. Estava indo para Honolulu porque queria ver a vida expandida em um romance, e ainda quero. Eu não queria abrir uma janela para o mundo, e sim o próprio mundo. Eu queria que tivesse tudo na imagem. Queria espaço para flores, peixes de recife de coral e pessoas que poderiam ou não levar uns aos outros ao assassinato, mas que de todo modo não foram levados, pelas exigências da convenção narrativa, a dizer isso em voz alta em um avião da Pan American no voo das 8h45 da manhã de Los Angeles para Honolulu.

———

Para tentar explicar o que me levou a escrever três contos em 1964 e, com exceção de tarefas de aula, nenhum conto em qualquer outro ano, consigo apenas sinalizar que o meu primeiro romance tinha acabado de ser publicado e eu estava sofrendo de um medo comum de quem acabou de escrever o primeiro romance: o medo de nunca escrever outro. (Na verdade, esse medo também é comum a quem acabou de escrever um segundo romance, um terceiro romance e, até onde sei, um 44º romance, mas na época eu o considerava um padecimento singular.) Eu me sentava na frente da máquina de escrever e acreditava que não surgiria outro assunto. Acreditava que ficaria seca para sempre. Acreditava que iria "esquecer como se faz". Assim, como uma espécie de treino desesperado, tentei escrever contos.

Não tinha nem tenho talento para isso, nem uma inclinação para os ritmos particulares do conto, nem a habilidade de olhar o mundo por uma janela. O primeiro conto, "Coming Home" [Chegar em casa], se estrutura de uma maneira extremamente simples e convencional: é um daqueles contos em que a vida dos personagens deve ser revelada em um único diálogo, um diálogo aparentemente ouvido ao acaso por um gravador indiferente. Esse formato exige controle absoluto — leia "Colinas como elefantes brancos", de Hemingway, e você conhecerá o melhor que existe nesse formato —, e "Coming Home" não demonstra controle algum. Um trecho inteiro do conto não passa de uma sinopse de um projeto de romance. O que aquela mina de carvão de Kentucky está fazendo na história? Quem viu aquelas pinturas impressionistas? Quem está contando a história? Por que eu estava tentando escrever esse tipo de conto se não tinha conhecimento suficiente para seguir as regras, fazer direito, deixar que o diálogo resolvesse tudo? A minha impaciência com "Coming Home" também se aplica a "The Welfare Island Ferry" [A balsa da Ilha do Bem-Estar], um conto que, na técnica, é diferente de "Coming Home", mas que, de novo, é de um tipo muito conhecido. "The Welfare Island Ferry" é um conto de "choque de realidade", em que o leitor deve captar, perto do fim e repentinamente, alguma coisa que permanece desconhecida para os personagens. Nesse conto existe apenas uma revelação: um dos personagens é louco. Hoje, meu instinto — e é um instinto decisivo para o impulso de contar histórias — seria dizer, logo de cara: "Essa garota se enrolou com alguém doido de pedra", e seguir em frente.

Para dizer a verdade, o terceiro conto, "When Did Music Come This Way? Children Dear, Was It Yesterday?" [Quando foi que a música apareceu? Foi ontem, minhas queridas crianças?], não me incomoda. Não quero dizer que seja um conto bem-sucedido: ele não funciona como conto, definitivamente. Em vez disso, é uma espécie de anotação estendida para um romance não escrito, um exercício no sentido mais puro. Foi em "When Did Music" que aprendi — ou comecei a aprender — a usar a primeira pessoa. Foi em "When Did Music" que aprendi — ou comecei a aprender — a criar tensão narrativa a partir de nada além da justaposição de passado e presente. Eu deveria já saber o que aprendi nesse conto antes de ter escrito o meu primeiro romance. Se não tivesse escrito esse conto, nunca teria escrito um segundo romance. Por mais cru e imperfeito que seja, ele me parece, de longe, o mais interessante dos três.

Também foi o mais difícil dos três para sair. "Coming Home" foi publicado no *Saturday Evening Post*. "The Welfare Island Ferry", na *Harper's Bazaar*. "When Did Music Come This Way?" não saiu em lugar algum por muito, muito tempo. Curiosamente, ele tinha sido "encomendado" por Rust Hills, que era o então editor de ficção do *Post*. Ele me telefonou ou me escreveu — não lembro — para dizer que o *Post* estava planejando uma edição "temática" sobre crianças, uma edição na qual cada artigo e conto teria que envolver, ainda que perifericamente, crianças. Vários escritores foram convidados a enviar contos para essa edição. Cada um receberia uma "garantia", ou pagamento mínimo. Nem todos os contos seriam aceitos. Escrevi o conto e o enviei. Naquela época eu era representada pela agência William Morris, e estas cartas do escritório de Nova York da Morris para mim, na Califórnia, vislumbram a história conturbada do conto:

9 de outubro de 1964: "Como você provavelmente sabe, Rust escreveu para muitos escritores pedindo contos para uma edição sobre crianças, e a garantia para todos é de duzentos dólares fixos. Quanto ao valor do conto em si, eles pagarão 1.750 dólares ou um aumento de 250 dólares em relação ao seu valor mais recente. Por favor, me avise se isso lhe convém e, em caso positivo, vamos aceitar os termos em seu nome..."

30 de novembro de 1964: "Sinto muito por não ter boas notícias, mas Rust Hills devolveu WHEN DID MUSIC COME THIS WAY? CHILDREN DEAR, WAS IT YESTERDAY? [...] Naturalmente enviaremos o cheque de garantia a você assim que o recebermos. Como você mencionou que queria trabalhar mais no conto, gostaria de saber se quer receber o manuscrito de volta agora..."

8 de dezembro de 1964: "...Mal posso esperar para receber as cópias revisadas de THE WELFARE ISLAND e WHEN DID MUSIC COME THIS WAY?..."

11 de dezembro de 1964: "...As versões revisadas dos dois contos foram enviadas — WELFARE ISLAND para a *Bazaar* e WHEN DID MUSIC COME THIS WAY? para a *New Yorker*..."

13 de abril de 1965: "...O manuscrito está agora com a *Esquire* e mando notícias assim que soubermos de mais alguma coisa..."

2 de junho de 1965: "Sinto muito por ainda não ter nenhuma boa notícia sobre WHEN DID MUSIC COME THIS WAY? CHILDREN DEAR, WAS IT YESTERDAY? Desde a última vez em que escrevi, ele foi recusado pela *Esquire* e pela *Harper's Bazaar*. A *Bazaar* comentou que adora o que você escreve, mas sente que o MUSIC não é tão bom quanto THE WELFARE ISLAND FERRY..."

2 de agosto de 1965: "Como você sabe, nós temos enviado WHEN DID MUSIC COME THIS WAY? CHILDREN DEAR, WAS IT YESTERDAY? para as revistas, e envio a seguir uma lista de lugares onde foi lido. *Saturday Evening Post*: 'Muitos de nós o lemos e vários estavam animados e reafirmaram sua estima. Outros, incluindo Bill Emerson, que tem o voto final, também gostaram dele, mas sentiram que não combinava com o *Post*, menos por causa do tema e mais devido ao método oblíquo de narração'. *The New Yorker*: 'No conjunto, não funciona o suficiente'. *Ladies' Home Journal*: 'Negativo demais para nós'. *McCall's*: 'Eu me sinto muito mal por recusar este conto — não por achar que seja uma história realmente muito bem trabalhada, mas porque a escrita é tão incrível. Ela tem uma maneira especial de envolver o leitor [...], mas estou recusando, com relutância, por não achar que seja um conto de sucesso, no fim das contas'. *Good Housekeeping*: 'Maravilhosamente escrito, muito real e tão deprimente que vou passar a tarde sendo perseguida por uma sensação de angústia e desânimo... Sinto muito, mas nós não oferecemos aos nossos leitores esse tipo de sentimento'. *Redbook*: 'Frágil demais'. *Atlantic Monthly*: 'Espero que você nos envie outros trabalhos de Joan Didion, mas este não chegou lá, então mando de volta'. *Cosmopolitan* (enviado duas vezes, devido à mudança na equipe editorial): 'Deprimente demais'. *Esquire:* sem comentários. *Harper's Bazaar:* 'THE WELFARE ISLAND FERRY é praticamente o meu conto favorito dos que já publicamos [...] mas sinto que WHEN DID MUSIC COME THIS WAY? não é tão bom quanto ele'. *Vogue:* 'Não combina com a gente'. *Mademoiselle*: 'Não conseguimos usar este conto especificamente'. *The Repor-*

ter: 'Infelizmente, não combina com *The Reporter*'. Receio que, neste momento, não conseguimos pensar em outros veículos aos quais podemos enviá-lo, além dos das resenhas. Gostaria de enviar o conto para algumas resenhas, a menos que você tenha outras ideias. Diga o que acha, por favor."

7 de novembro de 1966: "...Eu havia enviado [...] para o *Denver Quarterly*, que avisou que gostaria de usá-lo em sua quarta edição, prevista para logo depois do começo do ano. O valor que pagam é baixíssimo, cinco dólares por página, e como a história ocuparia cerca de dez páginas, eles pagariam cinquenta dólares. Por favor, me avise se você gostaria ou não que seguíssemos com isso em seu nome. Para nosso registro, o conto foi submetido aos seguintes veículos antes de ir para o *Denver*: *Saturday Evening Post*, *New Yorker*, *Ladies' Home Journal*, *Cosmopolitan*, *McCall's*, *Good Housekeeping*, *Redbook*, *Atlantic Monthly*, *Cosmopolitan* (mais uma vez), *Esquire*, *Harper's Bazaar*, *Vogue*, *Mademoiselle*, *Reporter*, *Harper's*, *Hudson Review*, *Kenyon Review*, *Virginia Quarterly*, *Ladies' Home Journal* (mais uma vez), *Paris Review*, *Yale Review* e *Sewanee Review*. Com carinho..."

Com carinho, de fato. O conto foi publicado na edição de inverno de 1967 do *Denver Quarterly*. No inverno de 1967 eu tinha começado um segundo romance e nunca escrevi outro conto. Duvido que volte a escrever em algum momento.

1978

Algumas mulheres

ANOS ATRÁS, o meu emprego na *Vogue* envolvia ir aos estúdios de fotógrafos e assistir às mulheres sendo fotografadas. Essas fotos não se destinavam às páginas de moda, mas às de "destaque" da *Vogue*, eram retratos de mulheres celebradas por algum motivo, conhecidas (geralmente) por estarem estrelando um filme, estreando uma peça ou conhecidas (menos frequentemente) por terem sido vanguardistas na produção de uma vacina, ou conhecidas (mais frequentemente do que gostaríamos) só por serem conhecidas. "Qualquer coisa que fizer você se sentir à vontade", nos instruíram a dizer, caso a fotografada se arriscasse a perguntar o que ela deveria vestir para a sessão; "Queremos apenas que seja você mesma". Em outras palavras, nós aceitávamos sem questionar o conceito tradicional do retrato, de que, de alguma forma, em algum lugar, no comércio entre artista e fotografado, a "verdade" sobre esse último seria revelada; de que o fotógrafo adentraria e capturaria alguma "essência", algum segredo da personalidade ou do caráter, invisível a olho nu.

Na verdade, o que acontecia nessas sessões, como em todas as sessões de retrato, era um comércio de um tipo totalmente oposto: entendia-se que o sucesso dependia de quanto o fotografado se empenhava, estrategicamente, em não ser ele mesmo, mas quem e o que o fotógrafo queria ver na lente. Dessas longas manhãs e tardes no estúdio (fosse o estúdio no centro ou afastado, pertencesse a Irving Penn, Bert Stern, Duane Michals ou a algum outro fotógrafo da dezena deles que fotografava os destaques para a *Vogue*, sempre nos referíamos a ele como "o estúdio", um espaço de trabalho genérico, um reflexo sintático que restou dos anos em que todos os fotógrafos contratados da *Vogue* trabalhavam no próprio estúdio da revista), me recordo principalmente de pequenos truques, pequenas improvisações, do empenho necessário para garantir que o fotógrafo estivesse vendo o que ele queria. Eu me lembro de uma sessão em que a lente foi coberta por chiffon preto. Eu me lembro de outra em que, depois de verem nas polaroides que o "qualquer coisa" que fazia a fotografada se sentir à vontade não era o desejável, emprestei-lhe o meu próprio vestido e trabalhei o resto da sessão embrulhada no meu casaco impermeável. Aqui, então, aprendi uma coisa: em cada uma dessas fotografias haveria uma "fotografada", a mulher no estúdio, e haveria também uma pessoa, e as duas não coincidiriam necessariamente.

Essa história de quem é retratado é complicada. Sejam pintores, fotógrafos, compositores, coreógrafos ou, nesse caso, escritores, as pessoas que trabalham inventando alguma coisa do nada não gostam muito de falar sobre o que fazem ou como o fazem. Falam com bastante desenvoltura sobre os truques técnicos envolvidos naquilo que fazem, sobre iluminação e filtros no caso de fotógrafos, sobre voz, tom e ritmo no caso de escritores, mas não sobre o conteúdo. A tentativa de fazer uma análise do trabalho, ou seja, conhecer o próprio tema, é considerada deletéria. Prevalece a superstição, o medo de que aquela coisa frágil e inacabada se desfaça, desapareça, retorne para o nada a partir do qual foi feita. Certa vez, Jean Cocteau descreveu esse tipo de trabalho como resultado de "uma profunda indolência, uma sonolência à qual nos entregamos como inválidos que tentam prolongar sonhos". Nos sonhos não analisamos a ação, ou ela desaparece. Gabriel García Márquez falou uma vez ao *New York Times* sobre a "má sorte" que lhe sucederia caso ele falasse sobre o romance que estava escrevendo; ele quis dizer, é claro, que o romance iria embora, perderia a força de impulsionar a sua imaginação. Certa vez percebi que "tinha" um romance quando ele se apresentou para mim como uma mancha de óleo com uma superfície iridescente; ao longo dos vários anos que levei para terminá-lo, não mencionei a mancha de óleo a ninguém, com medo de que a influência que a imagem tinha sobre mim, como um talismã, pudesse desvanecer, ficar choca, ir embora, como um sonho que se conta no café da manhã. "Se fala demais, você perde um pouco desse mistério", disse Robert Mapplethorpe a um entrevistador da BBC que queria conversar sobre o seu trabalho. "Você quer conseguir apreender a magia do momento. Esse é o barato de fotografar. Você não sabe por que está acontecendo, mas está acontecendo."

Uma pergunta: se os "fotografados" de Robert Mapplethorpe aqui são mulheres, qual é, então, o assunto dele?

Uma resposta: o assunto dele é o mesmo de quando seus "fotografados" eram os homens vestindo couro ou as flores ou o porta-aviões *Coral Sea* em um horizonte baixo. *Você não sabe por que está acontecendo, mas está acontecendo.* "Eu era um menino católico", também disse ele à BBC. "Eu ia à igreja todos os domingos. A minha maneira de organizar as coisas é muito católica. Sempre foi assim que juntei as coisas. Muito simétrico."

A maioria das mulheres que Robert Mapplethorpe escolheu fotografar durante a carreira era bem conhecida, personalidades de considerável celebridade, moda ou sucesso. Havia modelos e atrizes. Havia cantoras, bailarinas, coreógrafas; artistas e comerciantes de arte. A maioria era de mulheres de Nova York, com o conhecido vigor nova-iorquino. A maioria era "bonitinha" de um jeito convencional, até mesmo "bonita", ou assim ficava não apenas pelos artifícios de luz e maquiagem, mas pela maneira como se apresentava para a câmera: eram mulheres profissionais, artistas na frente da câmera. Eram mulheres que sabiam conquistar o seu lugar ao sol. Eram mulheres que sabiam muitas coisas, e aquilo que sabiam, pelo visto, não as encorajava a ter convicção. Algumas encaravam a câmera de olhos fechados, como em um desfalecimento carnal ou um desmaio vitoriano. Outras confrontavam-na tão diretamente como se para parecerem levadas a uma loucura fugaz; elas pareciam viver em um mundo no qual a sobrevivência dependia da capacidade de seduzir, iludir, conspirar, enganar. "Sing for your supper, /And you'll get breakfast" [Cante por seu jantar, /E você terá café da manhã], diz algo nessas fotografias.

"Songbirds always eat", os pássaros que cantam sempre têm comida. Essa não é uma ideia "moderna", nem se apresentam como modernas as mulheres nas fotografias de Mapplethorpe. Em algumas de suas fotografias havia as imagens familiares do século XIX de dominação e submissão, os desconfortos eróticos de tiras, couro, salto 15, daqueles sapatos que criam vincos na planta do pé de quem os usa. Havia virgens condenadas (olhos baixos, mãos postas), sugestões de mortalidade, pele como mármore, rostos como máscaras, um fulgor sobrenatural, o brilho fosforescente que às vezes atribuímos aos anjos e à carne em decomposição.

Esse tipo de idealização nunca se referia ao presente. As fotografias de Mapplethorpe que buscavam vender roupas de banho sugeriam não o atletismo associado a um presente idealizado, não a liberdade de movimento, mas o *bondage*, o *spanking*, os sonhos eróticos da Inglaterra imperial. O rosto familiar de Grace Jones, da maneira como foi fotografado por Mapplethorpe, sugeria não o futuro andrógino que ele havia passado a representar, mas a paixão do século XIX pelo exótico, o romance com a África, o Egito. Uma fotografia de moda de Mapplethorpe, o "Thomas" preto e nu dançando com a "Dovanna" espectral e branca, sugeria o balé clássico, o *pas de deux* em que o traidor corteja o traído, de volta do túmulo, a *prima ballerina* da dança das sombras.

Até mesmo meninas, ao serem fotografadas por Mapplethorpe, pareciam da época vitoriana, não crianças no sentido moderno, mas seres sencientes, criaturas com fivelas e coelhinhos, mas ainda assim sérias em sua responsabilidade;

pequenos adultos, que nos fitavam com a clareza absoluta do que sabiam e do que ainda não sabiam. Desafiando
a lógica, de todas as mulheres que Robert Mapplethorpe
fotografou, talvez apenas Yoko Ono tenha se apresentado
como "moderna", completamente dona de si, uma mulher
que havia transposto as exigências do sexo e da celebridade para se mostrar diante de nós como uma sobrevivente de
meia-idade, com lapelas sensatas, olhos claros, cabelos es-
voaçantes. Havia algo de interessante nisso tudo, e inten-
cional, e a intenção não era a dos "fotografados".

Em Robert Mapplethorpe havia sempre uma conver-
gência surpreendente de impulsos bastante românticos.
Havia a aventura do que não parecia convencional. Havia
a aventura da arte por si mesma. Havia o desejo de testar
os limites do possível, de explorar o "interessante". ("Pensei
que seria uma ideia interessante ter uma argola atravessan-
do o mamilo", disse ele à BBC a respeito do filme juvenil
Robert Having His Nipple Pierced, a aventura da margem.)
Havia a aventura do menino católico dos confins da classe
média baixa do Queens ("Não era o que eu queria", ele disse certa vez a esse respeito) que veio para a cidade e forçou
seu caminho para chegar ao outro lado, reinventou-se como
um Rimbaud das banheiras.

O fato de que essa agonia romântica deveria ter sido re-
vivida como o estilo do centro da maior cidade burguesa do
mundo moderno no momento de seu declínio era, em qualquer sentido histórico, previsível, e ainda assim o trabalho
de Robert Mapplethorpe tem sido muitas vezes considerado um exercício estético, completamente fora de qualquer

contexto histórico ou social, e "novo", como se resistisse à interpretação. Essa "novidade" tornou-se de tal forma uma ideia fixa a respeito de Mapplethorpe que tendemos a ignorar a fonte de sua força, que desde o início vinha menos do choque do novo do que do choque do velho, da novidade irritante da exposição a um universo moral fixo. Sempre houve a tensão, até mesmo a luta, entre luz e escuridão em seu trabalho. Havia a exaltação da impotência. Havia a sedução da morte, a fantasia da crucificação.

Havia, acima de tudo, a perigosa imposição da ordem sobre o caos, da forma clássica sobre imagens inimagináveis. *Sempre foi assim, quando juntava as coisas. Muito simétrico.* "Eu não gosto da palavra 'chocante'", disse Robert Mapplethorpe ao *ARTnews* no final de 1988, quando estava lutando contra uma doença e foi mais uma vez convidado a falar sobre as famosas fotografias de homens de couro. "Estou em busca do inesperado. Estou em busca de coisas que nunca vi antes. Mas tenho problemas com a palavra 'chocante' porque nada realmente me choca — eu podia fazer essas fotos. Senti a obrigação de fazê-las." Essa é a voz de alguém cujo tema era, por fim, a mesma simetria com a qual ele tinha organizado as coisas.

1989

O corredor de longa distância

AQUI, NA casa que é minha e do meu marido, há duas fotos de Tony Richardson. Na mais antiga delas, tirada provavelmente em 1981, ele está em cima de um carrinho *dolly*, no qual está montada uma câmera Panaflex, em algum lugar perto de El Paso, um homem delirantemente envolvido — apaixonado, transformado — com o ato de fazer um filme, neste caso um filme "grande", o tipo de filme em que a cada dia que a câmera é usada gastam-se dezenas de milhares de dólares, o tipo de filme em que o material do dia é levado de avião para o estúdio todas as noites e todos na sala de projeção ficam um pouco tensos quando os números de cada tomada piscam na tela, um filme com uma equipe grande e uma estrela rentável, Jack Nicholson, *Fronteira da violência*. A fotografia mais recente foi tirada em uma locação externa na Espanha no final do outono de 1989. Está se desenrolando o que parece ser um *master shot*. Vemos o operador de câmera, o *boom* do som, o refletor. Vemos os atores, James Woods e Melanie Griffith. E, na extrema esquerda do quadro, usando calça jeans, tênis e uma parka vermelha, vemos o diretor, um homem visivelmente mais abatido do que parecia estar em cima do carrinho *dolly* fora de El Paso, mas tão delirantemente envolvido — apaixonado, transformado — com o ato de fazer um filme quanto naquela primeira fotografia, neste caso um filme de 21 minutos para a televisão, uma adaptação de "Colinas parecendo elefantes brancos", de Ernest Hemingway, para a HBO.

Nunca conheci alguém que gostasse tanto de fazer coisas, nem alguém com um interesse tão limitado pelo que já fez. Tony amava o ato em si: estivesse fazendo um grande filme, teatro ou 21 minutos para a televisão, a natureza particular da coisa, o sucesso em potencial ou o público em potencial eram irrelevantes para ele, desinteressantes, absolutamente fora de questão. A pureza do seu entusiasmo em fazer, digamos, um *As You Like It* [Do jeito que você gosta] que ficaria em cartaz por algumas noites em um teatro comunitário em Long Beach ou um *Antônio e Cleópatra* estrelado por atores de televisão em um teatro no centro de Los Angeles era completa: a ideia de que esses projetos poderiam ter menos potencial intrínseco do que produções das mesmas peças que ele havia feito em Londres com Vanessa Redgrave permanecia estranha para ele. "Algo absolutamente mágico acontece no final", lembro-me dele fazendo essa promessa sobre o *Antônio e Cleópatra* do centro. Ele não falava sobre seu trabalho, mas sobre *trabalhar*, sobre todos criando juntos o momento em algum proscênio maior. "Tudo é mágico, um sonho", lembro-me dele anunciando quando telefonou da Espanha para pedir um pequeno ajuste (o roteiro, que meu marido e eu tínhamos escrito, pedia que os atores principais entrassem em um córrego, mas o córrego disponível era muito frio) em "Colinas parecendo elefantes brancos".

Mais uma vez, ele estava falando não sobre seu trabalho, mas sobre trabalhar, sobre aquele estado físico em suspensão em que o córrego frio, o olival e o homem abatido de parka vermelha poderia ser escrito e reescrito, controlado, lembrado exatamente dessa forma.

"Magia" era o que Tony sempre quis, tanto na vida quanto no trabalho, e, como a maioria das pessoas que amam o que fazem, ele não distinguia um do outro. "Quero que seja mágico", dizia, estivesse planejando um filme, uma improvisação teatral em casa ou um piquenique à luz da lua na praia: ele queria magia e conseguiu, e em nome disso hipotecou a casa, pagou a própria garantia de conclusão do filme, começou a filmar na véspera de uma greve de atores. Quando não estava fazendo um filme ou teatro, fazia o mesmo tipo de magia em casa: um almoço, um jantar ou um verão eram, para ele, material bruto, algo a ser filmado para ver como ficava na tela. A casa dele era um set, repleta de flores, pássaros, luz do sol e crianças, com amores antigos e atuais, com todas as possibilidades concebíveis de conflito; florestas de Arden, a ilha de Próspero, o orgulho de um diretor. "Venham comigo para a França em julho", lembro-me de ele dizer em um jantar e, quando meu marido e eu dissemos que não poderíamos, ele se virou para a nossa filha, então com catorze anos, e anunciou que nesse caso ela iria sozinha. Ela foi. Dezenas de pessoas pareciam ser benquistas por Tony naquele mês de julho e, quando chegamos para buscar Quintana, ela estava nadando de *topless* em St. Tropez, dançando a noite inteira, falando francês e sendo cortejada por dois italianos, que, por um mal-entendido, pensavam que ela estava de férias da Universidade da Califórnia. "Tem sido absolutamente mágico", disse Tony.

Também em nome dessa magia, Tony podia ser conhecidamente dogmático, indomável, implacavelmente pronto para dar no pé em qualquer situação que parecesse um beco sem saída. Muitas vezes, por exemplo, eu o ouvi falar com ênfase e entusiasmo sobre as virtudes de "colorizar" filmes em preto e branco, em todas elas, para alguém que tinha acabado de escrever uma carta ou um artigo de opinião ou obteve uma liminar contra a colorização. "Se tivessem cores, teriam filmado em cores", dizia ele, enfatizando cada uma das sílabas do mesmo modo, a enunciação assertiva que conferia a ele o que John Osborne descreveu como "a voz mais imitada de sua profissão". *Isso é só um absurdo pretensioso. Em cores é melhor.*" Em duas ocasiões, eu o vi partir para uma defesa apaixonada do tenista John McEnroe, que segundo Tony havia realizado "o ato mais glorioso" ao jogar no chão a raquete em uma partida em Wimbledon; é claro que o argumento de Tony tem origem parcialmente em seu anarquismo basilar, sua aversão vital ao sistema de classes inglês e aos rituais esportivos derivados dele.

No entanto, ele tem origem igualmente em um simples desejo de provocar o ouvinte, dar forma à noite, fazer a cena funcionar. Tony se nutria daqueles momentos que a maioria de nós tenta evitar. O consenso social era, para ele, impensável, sufocante, tudo que ele tinha deixado para trás. Levantar a voz era a matéria do teatro, da liberdade. Lembro-me dele telefonando na manhã seguinte a um jantar em Beverly Hills que abruptamente se transformou em uma baderna quando meu marido e um grande amigo dele, Brian Moore, começaram a gritar um com o outro. Havia oito pessoas na mesa (seis, depois que meu marido saiu e eu fugi), incluindo Tony, que parecia extasiado pela guinada que o jantar dera: a luta era a "magia" inesperada da noite, o jantar tranquilo entre amigos se desfazendo em perigo, a possibilidade dramática efetivada.

> Pensei na primeira ovelha que me lembro de ter visto — centenas delas, nosso carro adentrando o rebanho no terreno dos fundos do velho estúdio Laemmle. Os bichos não estavam felizes com aquele negócio de fazer filme, mas os homens que iam conosco no carro não paravam de dizer:
>
> "Era o que você queria, Dick?"
>
> "Não é uma maravilha?" E o homem chamado Dick continuava de pé no carro, como se fosse Cortez ou Balboa, vendo ondular o mar de lã cinzenta.[7]

Tony morreu de uma infecção neurológica como consequência do HIV no Hospital St. Vincent, em Los Angeles, em 14 de novembro de 1991. Ele tinha começado este livro alguns anos antes, durante um dos muitos períodos em que ele ficava esperando algum roteiro, elemento ou financiamento fazer sentido para que, mais uma vez, ele pudesse ficar de pé no carro como se fosse Cortez ou Balboa e zelar por aquilo que estava querendo fazer. A maioria das pessoas que faz filmes aprende a suportar esses períodos de ociosi-

---

[7] F. Scott Fitzgerald. *O último magnata*. Tradução de Christian Schwartz. Rio de Janeiro: Penguin Companhia, 2013.

dade forçada, alguns melhor do que outros, e, como Tony fazia parte dos outros, em tais períodos ele tendia a multiplicar as bolas que estava equilibrando no ar, encomendar um roteiro novo, encontrar-se pela última vez com o cara da grana, realizar alguma excursão particularmente difícil ("Você não gosta de se divertir, é isso", disse ele, me acusando por eu não ter cogitado fazer uma viagem de um fim de semana que implicava se vacinar contra o cólera), *melhorar o momento*. Escrever este livro, ele disse na noite em que o mencionou pela primeira vez, era "ter alguma coisa para fazer", e depois não o mencionou mais. Quando perguntamos, algum tempo depois, ele disse que o tinha abandonado. "Não vale a pena", lembro-me de ele dizer. "Não vale mesmo a pena." Se era o livro, o ato de escrevê-lo ou olhar para trás que não valia a pena, nunca fiquei sabendo.

Eu também não sabia, até a tarde em que ele morreu, quando alguém que havia datilografado o manuscrito para ele o entregou para suas filhas, que ele havia terminado o livro, e ainda não tenho certeza de quando o terminou. O livro não trata do trabalho que ele fez durante os sete anos entre *Um hotel muito louco* e sua morte, e ele menciona nas últimas páginas que tem 57 anos, o que parece indicar que ele escreveu seis anos antes de morrer, mas essas últimas páginas têm algo de decisivo, uma sensação de *adieu* incomum. Ele não era um homem que se interessava muito em olhar para o passado. Nem um homem tomado pelo desespero; a única vez em que o vi mal foi quando ele notou uma tristeza, ou dor, ou mesmo um momento de incerteza fugaz, em uma das filhas. E ainda assim ele escreveu:

Fotos das minhas três filhas me encaram de um quadro de avisos enquanto escrevo. E, quando um de seus olhares encontra o meu, elas parecem estar fazendo a única pergunta: o que está por vir? No teatro, assim como há uma superstição bem conhecida segundo a qual você nunca pode citar ou mencionar "a peça escocesa" *Macbeth* sem atrair azar, há também uma superstição segundo a qual você nunca deve dizer a última palavra ou o último dístico de uma peça do período da Restauração inglesa até a noite de estreia. Estou achando terminar este livro tão difícil quanto dizer a última palavra. Posso dizer a Natasha, Joely e Katharine que as amo muito, mas sinto que elas querem mais.

Ele soube durante seis anos que estava morrendo? Ou ele diria que falar de "morrer" nesse sentido é um absurdo sentimental, já que estamos todos morrendo? "Não tem resposta", ele escreveu no início deste livro sobre descobrir algo que não sabia a respeito de alguém que amava. "Apenas uma espécie de tristeza assustadora — anjos passando sobre nós, ou, como aquele momento no ato II de *O jardim das cerejeiras*, quando a sra. Raniévskaia ouve um som distante como 'a corda de um violino que arrebenta'." Suponho que não tenham existido muitas semanas, durante esses seis anos, em que não tenhamos conversado, almoçado ou passado uma noite juntos. Passamos férias juntos. A filha dele, Natasha, se casou em nossa casa. Eu o amava. E ainda assim, não sei.

1993

Últimas palavras

In the late summer of that year we lived in a house in a village that looked across the river and the plain to the mountains. In the bed of the river there were pebbles and boulders, dry and white in the sun, and the water was clear and swiftly moving and blue in the channels. Troops went by the house and down the road and the dust they raised powdered the leaves of the trees. The trunks of the trees too were dusty and the leaves fell early that year and we saw the troops marching along the road and the dust rising and leaves, stirred by the breeze, falling and the soldiers marching and afterward the road bare and white except for the leaves.

No final do verão daquele ano, ocupávamos uma casa numa aldeia de onde, além do rio e da planície, víamos as montanhas. O leito do rio era coberto de cascalho e de pedras, que ao sol pareciam secos e esbranquiçados. A água era muito límpida, ligeira e bastante azul nos pontos mais fundos. As tropas passavam pela casa, seguindo estrada abaixo, e a poeira que erguiam salpicava as folhas das árvores. Também os troncos das árvores estavam empoeirados. As folhas caíram cedo naquele ano. Víamos as tropas em marcha pela estrada, a poeira se levantando e as folhas caindo ao sopro do vento, e, depois que os soldados passavam, a estrada ficava branca e nua, exceto pelas folhas.[8]

Este é o famoso primeiro parágrafo de *Adeus às armas*, de Ernest Hemingway, que reli comovida, diante do anúncio recente de que aquele que dizem ser o último romance de Hemingway será publicado postumamente no ano que vem. Esse parágrafo, publicado em 1929, merece ser analisado: quatro frases enganosamente simples, 126 palavras, no inglês, cuja organização permanece tão misteriosa e emocionante para mim agora quanto quando as li pela primeira vez, aos doze ou treze anos, e imaginei que, se eu as estudasse bastante e treinasse o suficiente, poderia eu mesma organizar 126 palavras assim um dia. Só uma das palavras tem três sílabas. Vinte e duas têm duas. As outras 103 têm uma. Vinte e quatro palavras são *the* [o(s)/ a(s)], quinze são *and* [e]. Há quatro vírgulas. A cadência litúrgica do parágrafo deriva em parte da colocação das vírgulas (a presença delas na segunda e na quarta frase, a ausência delas na primeira e na terceira), mas também daquela repetição do *the* e do *and*, criando um ritmo tão notável que a omissão do *the* [as] antes da palavra *leaves* [folhas] na quarta frase ("e víamos as tropas marchando ao longo da estrada e a poeira subindo e folhas, agitadas pela brisa, caindo") provoca exatamente o que era para provocar, um arrepio, uma premonição, um prenúncio da história que está por vir, a consciência de que o autor já passou sua atenção do final do

---

[8] *Adeus às armas*. Tradução de Monteiro Lobato. Rio de Janeiro: Bertrand Brasil, 2013.

verão para uma estação mais sombria. A força do parágrafo, ao oferecer a ilusão e não o fato da especificidade, deriva precisamente desse tipo de omissão deliberada, da tensão da informação não fornecida. No verão final de *qual* ano? *Qual* rio, *que* montanhas, *que* tropas?

Todos conhecemos a "vida" do homem que escreveu esse parágrafo. A atratividade bastante irresponsável dos detalhes domésticos se fixou na fluida memória nacional: *Ernest e Hadley não têm dinheiro, então esquiam em Cortina durante todo o inverno. Pauline vem para ficar. Ernest e Hadley discordam em relação a Pauline, então todos eles se refugiam em Juan-les-Pins. Pauline pega um resfriado e se recupera no Waldorf-Astoria.* Vimos as fotos: o célebre autor esgrimando com touros em Pamplona, pescando marlim no mar aberto de Havana, praticando boxe em Bimini, cruzando o rio Ebro com legalistas espanhóis, ajoelhando-se ao lado de "seu" leão ou "seu" búfalo ou "seu" órix na planície do Serengueti. Nós nos inteiramos sobre a família que o célebre autor deixou, lemos suas cartas, lamentamos ou aprendemos algo com seus excessos, suas imposturas, as humilhações de sua alegação de machismo pessoal, as degradações que derivam de sua aparente tolerância à própria fama tanto quanto são reveladas por ela.

"Escrevo para contar sobre um jovem chamado Ernest Hemingway, que vive em Paris (um americano), escreve para a *Transatlantic Review* e tem um futuro brilhante", escreveu F. Scott Fitzgerald para Maxwell Perkins em 1924. "Eu iria atrás dele imediatamente. Ele é original." No momento em que o "original" viu seu futuro brilhante concretizado e arruinado, ele adentrou uma zona de fragilidade emocional extrema, de depressões tão sérias que, em fevereiro de 1961, depois da primeira de duas etapas de tratamento de choque, ele se viu incapaz de finalizar até mesmo a única frase que concordou em fazer para uma edição solene para o presidente John F. Kennedy. Na manhã de domingo de 2 de julho de 1961, o célebre autor saiu da cama em Ketchum, Idaho, desceu as escadas, pegou uma espingarda Boss de cano duplo de um depósito no porão e esvaziou os dois canos no meio da testa. "Desci as escadas", contou Mary Welsh Hemingway, sua quarta esposa, no livro de memórias de 1976, *How It Was*, "vi uma pilha de roupão amassado e sangue, a espingarda encostada na carne desintegrada, no vestíbulo da sala de estar."

O ímpeto moralizante da biografia dele era tal que às vezes esquecíamos que esse escritor, na sua época, tinha renovado a língua inglesa, mudado os ritmos com que tanto a sua própria geração quanto as seguintes falariam, escreveriam e pensariam. A própria gramática de uma frase de Hemingway ditou, ou foi ditada, por uma certa maneira de olhar para o mundo, uma maneira de olhar, mas não de se juntar a ele, uma maneira de passar por ele, mas não de se prender, uma espécie de individualismo romântico claramente adaptado ao seu tempo e à sua origem. Se entrássemos nessas frases, veríamos as tropas marchando ao longo da estrada, mas não marcharíamos com elas necessariamente. Nós contaríamos, mas não nos juntaríamos. Nós faríamos, como fez

Nick Adams em seus contos e Frederic Henry, em *Adeus às armas*, um fim de hostilidades: "No outono a guerra estava sempre lá, mas nós não íamos mais".[9]

O efeito dessa dicção de Hemingway foi tão difundido que se tornou a voz não apenas de seus admiradores, mas até mesmo daquelas pessoas cuja abordagem do mundo não estava absolutamente calcada no individualismo romântico. Eu me recordo de me surpreender ao notar, quando dava uma aula sobre George Orwell em Berkeley, em 1975, quanto de Hemingway se podia ouvir em suas frases. "As colinas à nossa frente eram cinza e enrugadas como a pele dos elefantes", escreveu Orwell em 1938, em *Homenagem à Catalunha*. "As colinas que se erguiam para além do vale do Ebro eram longas e esbranquiçadas",[10] escreveu Hemingway em 1927, em "Colinas parecendo elefantes brancos". "Uma massa de palavras latinas cai sobre os fatos como a neve macia, borrando os contornos e encobrindo todos os detalhes", escreveu Orwell em 1946, em "Politics and the English Language" [Política e a língua inglesa]. "Eu sempre me embaraçava com as palavras *sagrado, glorioso, sacrifício* e *inútil*",[11] escreveu Hemingway em 1929, em *Adeus às armas*. "Havia muitas palavras que já não suportávamos — e por fim só os nomes dos lugares tinham dignidade."

---

[9] "Um outro país". In: *Contos, vol. 2*. Tradução de J.J. Veiga. Rio de Janeiro: Bertrand Brasil, 2015.

[10] "Colinas parecendo elefantes brancos". *Ibidem*.

[11] *Adeus às armas*. Tradução de Monteiro Lobato. Rio de Janeiro: Bertrand Brasil, 2013.

Para esse homem, as palavras importavam. Ele as trabalhou, ele as compreendeu, ele entrou nelas. Quando tinha 24 anos e lia textos enviados à *Transatlantic Review*, de Ford Madox Ford, às vezes tentava reescrevê-los, só para praticar. O desejo de que, depois de sua morte, só restassem as palavras que considerou boas para serem publicadas é bem claro. "Lembro-me de Ford me dizendo que, ao escrever uma carta, se devia sempre pensar em como ela seria lida pela posteridade", escreveu em 1950 para Arthur Mizener. "Isso provocou uma sensação tão ruim em mim que queimei todas as cartas do apartamento, incluindo a de Ford." Em uma carta datada de 20 de maio de 1958, destinada "Aos meus Executores" e guardada no cofre de sua biblioteca em La Finca Vigía, ele escreveu: "É meu desejo que nenhuma das cartas que escrevi durante minha vida seja publicada. Por conseguinte, solicito e ordeno pelo presente que não publiquem ou autorizem a publicação por terceiros de tais cartas".

A sua viúva e executora, Mary Welsh Hemingway, falando sobre o fardo dessa restrição como aquele que "provocou problemas sem cessar para mim e decepção para os outros", decidiu violá-lo em determinado momento, publicando trechos de algumas cartas em *How It Was* e autorizando Carlos Baker a publicar cerca de seiscentas cartas em *Ernest Hemingway: Selected Letters, 1917–1961*. "Não cabe nenhuma dúvida a respeito da sabedoria e da legitimidade dessa decisão", escreveu Baker, pois as cartas "não apenas instruem e entretêm o leitor comum, como também oferecem, aos estudantes sérios de Literatura, os documentos necessários para a pesquisa continuada da vida e das realizações de um dos grandes nomes da ficção norte-americana do século XX".

Uma peculiaridade de ser escritor é que o trabalho em si implica a humilhação mortal de ver suas próprias palavras impressas. O risco de ser publicado é o acontecimento mais sério da vida, e, mesmo entre os escritores menos inclinados que Hemingway a interpretar as palavras como expressão manifesta de sua honra pessoal, a ideia de que as palavras que você não se arriscou a publicar deveriam estar disponíveis para a "pesquisa continuada" por "estudantes sérios de Literatura" provavelmente não despertaria entusiasmo. "Ninguém gosta de ser acossado", alertou o próprio Hemingway, em 1952, a um desses pesquisadores, Charles A. Fenton de Yale, que, seguindo as pistas das cartas, estava atormentando Hemingway, enviando-lhe rascunhos sucessivos do que seria *The Apprenticeship of Ernest Hemingway: The Early Years* [O aprendizado de Ernest Hemingway: os primeiros anos]. "Ninguém gosta de ser acossado, investigado, questionado por um detetive amador, não importa quão acadêmico ou honesto ele seja. Você deve conseguir entender isso, Fenton." Um mês depois, Hemingway tentou de novo. "Acho que você deveria abandonar o projeto inteiro", escreveu a Fenton, acrescentando: "É impossível chegar a qualquer verdade sem a cooperação da pessoa envolvida. Essa cooperação exige da pessoa quase tanto esforço quanto escrever sua autobiografia". Alguns meses depois, ele ainda estava tentando:

Encontrei tantos erros factuais na primeira página ou páginas do seu manuscrito que poderia passar o resto deste inverno reescrevendo e dando a você as informações verdadeiras e eu não conseguiria escrever nada que fosse meu [...] Mais uma coisa: você localizou textos não assinados por mim através de recibos de pagamento. Mas não sabe quais textos foram alterados ou reescritos pela redação e quais não foram. Não conheço algo que seja pior para um escritor do que ver publicados seus primeiros textos, que foram reescritos e alterados, sem a sua permissão.

Na verdade, conheço poucas coisas piores do que um outro escritor reunir o jornalismo feito por seu colega escritor, que seu colega escritor optou por não preservar por não ter valor, e publicá-lo.

Sr. Fenton, tenho uma opinião formada sobre isso. Escrevi para você antes e escrevo agora mais uma vez. Ao escrever que não quero publicar, você não tem o direito de publicar. Eu jamais faria algo assim com você, assim como não enganaria um homem em um jogo de cartas, ou fuçaria em sua mesa ou cesto de lixo, ou leria suas cartas pessoais.

Pode-se presumir que um escritor que comete suicídio não está totalmente comprometido com o trabalho que deixa inacabado, mas parece não ter havido muita dúvida em relação ao que aconteceria com os manuscritos inacabados de Hemingway. Estes incluíam não apenas "As coisas de Paris" (como ele chamou), ou *Paris é uma festa* (como a Scribner chamou), que Hemingway tinha de fato mostrado à Scribner em 1959 e depois pegado de volta para rever, mas também os romances publicados depois com os títulos *As ilhas da corrente* e *O jardim do Éden*, vários contos de Nick Adams, aquilo que a sra. Hemingway chamou de o "tratamento original" dos textos de touradas publicados pela *Life* antes da morte de Hemingway (e que se tornou *O verão perigoso*) e o material que ela descreveu como "seu relato semificcional do nosso safári africano", de onde haviam saído três seleções que ela publicou na *Sports Illustrated*, em 1971 e 1972.

Seguiu-se a isso a criação sistemática de um produto comercializável, uma obra distinta, de tipo diferente daquela publicada por Hemingway em vida, e que na verdade tende a ofuscá-la. O processo de criação da marca desse produto foi tão bem-sucedido que em outubro, de acordo com a seção "House & Home" do *New York Times*, a Thomasville Furniture Industries apresentou uma "Coleção Ernest Hemingway" na feira Home Furnishings Market em High Point, na Carolina do Norte, oferecendo "96 peças de móveis e acessórios para sala de estar, de jantar e quarto" divididas em quatro temas: "Quênia", "Key West", "Havana" e "Ketchum". "Não temos muitos heróis hoje em dia", disse, ao *Times*, Marla A. Metzner, presidente da agência Fashion Licensing of America. "Estamos retornando aos grandes ícones do século como marcas heroicas." De acordo com o *Times*, Metzner não apenas "criou a marca Ernest Hemingway com os três filhos de Hemingway, Jack, Gregory e Patrick", mas "também representa os netos de F. Scott Fitzgerald, que pediram uma marca Fitzgerald".

Não deve ter sido completamente claro para Mary Welsh Hemingway que seria esse o resultado lógico do marketing póstumo. Enquanto Hemingway era vivo, ela parece ter permanecido tranquila em relação aos impulsos de marketing de A. E. Hotchner, cuja correspondência de treze anos com Hemingway dá a impressão de que ele considerava o autor fracassado não como a figura excessiva e desesperada que as cartas sugerem, mas como um recurso infinito, uma mina a ser explorada, um elemento a ser embalado em "projetos" variados de entretenimento e publicação. A viúva tentou impedir a publicação de *Papa Hemingway* de Hotchner e, embora a correspondência deixe claro que o próprio Hemingway tinha confiado no autor do livro e contado com ele, ela o apresentou nas próprias memórias como uma espécie de assistente pessoal, alguém que buscava manuscritos, que organizava apartamentos, um Zelig aparecendo em cenas de multidão: "Quando o *Île de France* atracou no rio Hudson ao meio-dia de 27 de março, ficamos eufóricos por encontrar Charlie Sweeny, o meu general favorito, nos esperando, ao lado de Lillian Ross, Al Horowitz, Hotchner e mais algumas pessoas".

Nesse livro de memórias, que é memorável principalmente pela revelação da mistura bastante exaustiva de uma competência notável e uma incompetência estratégica de sua autora (ela chega em Paris no dia da Libertação e consegue um quarto no Ritz, mas parece desnorteada pelo problema doméstico de como melhorar a iluminação da sala de jantar em La Finca Vigía), Mary Welsh Hemingway expõe sua convicção, à qual parece ter chegado ao ser defrontada com evidências consideráveis em contrário, de que seu marido tinha "claramente" esperado que ela publicasse "alguns, se não todos, os trabalhos dele". As diretrizes que estabeleceu para si nessa tarefa eram instrutivas: "Exceto pela pontuação e pelos *es* e *mas* que ele obviamente deixou passar, apresentaríamos sua prosa e poesia aos leitores como ele as escreveu, mantendo as lacunas onde estavam".

Bem, aí está. Ou você se importa com a pontuação ou não, e Hemingway se importava. Ou você se importa com os *es* e os *mas* ou não, e Hemingway se importava. Ou você acha que algo está bom para ser publicado ou não, e Hemingway não achava. "Isso é tudo; não existem mais livros", disse Charles Scribner III ao *New York Times* ao anunciar o "romance de Hemingway" a ser publicado em julho de 1999 para celebrar o centenário de seu nascimento. Essa obra, cujo título *Verdade ao amanhecer* foi tirado do texto ("Na África, uma coisa é verdade à primeira luz do dia e uma mentira ao meio-dia, e você não a respeita mais do que o lago adorável, perfeito, cercado de mato, que você vê através da planície queimada pelo sol."), é supostamente o romance em que Hemingway estava tentando trabalhar de modo descontínuo entre 1954, quando ele e Mary Welsh Hemingway voltaram do safári no Quênia, que fornece a narrativa do livro, e seu suicídio em 1961.

Esse "romance africano" parece ter apresentado, a princípio, apenas a resistência que caracteriza o estágio inicial de qualquer romance. Em setembro de 1954, de

Cuba, Hemingway escreveu a Bernard Berenson a respeito do efeito adverso do ar-condicionado sobre essa coisa que ele estava fazendo: "Você consegue escrever, mas fica tão falso quanto se tivesse escrito de dentro do oposto de uma estufa. Vou provavelmente jogar tudo fora, mas talvez, quando as manhãs reviverem de novo, eu possa usar o esqueleto do que escrevi e preenchê-lo com os cheiros, os primeiros ruídos dos pássaros e todas as coisas adoráveis desta terra, que nos meses frios se parecem muito com a África". Em setembro de 1955, ele escreveu novamente para Berenson, desta vez em uma máquina de escrever nova, explicando que não podia usar a antiga "porque ela está com a página 594 do livro [africano] dentro dela, coberta pela capa, e tirar páginas dá azar". Em novembro de 1955, ele contou a Harvey Breit, do *New York Times*: "Estou na página 689 e me deseje sorte, rapaz". Em janeiro de 1956, ele escreveu ao advogado, Alfred Rice, que tinha chegado à página 810.

Nesse momento recai, nas *Selected Letters*, um certo silêncio sobre esse assunto do romance africano. Com ou sem 810 páginas, chega um ponto em que todo escritor sabe que o livro não está funcionando, e todo escritor sabe também que o estoque de vontade, energia, memória e concentração necessárias para fazer a coisa dar certo pode simplesmente não estar disponível. "Você tem apenas que *continuar* no momento em que está pior e mais sem solução — há apenas uma coisa a ser feita com um romance, que é ir em frente até chegar ao fim dessa coisa maldita", Hemingway havia escrito a F. Scott Fitzgerald em 1929, quando Fitzgerald teve um bloqueio escrevendo o romance que seria publicado em 1934 como *Suave é a noite*.

Em 1929, Hemingway tinha trinta anos. A sua concentração, ou a capacidade de "*continuar* no momento em que está pior e mais sem solução", ainda era tal que ele continuou reescrevendo *Adeus às armas* enquanto tentava lidar com os problemas da mãe, da irmã de dezesseis anos e do irmão de treze, decorrentes do suicídio do pai, em dezembro de 1928. "É claro que saber que preciso fazer essas coisas não é se preocupar, mas começar a trabalhar — terminar o meu livro direito, para que eu possa ajudá-los com os lucros", ele havia escrito para Maxwell Perkins poucos dias após o funeral do pai, e seis semanas depois ele entregou o manuscrito terminado. Ele havia desmanchado um casamento, mas não três, ainda. Ele ainda não estava vivendo com o resquício dos dois acidentes de avião de 1954 que haviam rompido seu fígado, seu baço e um dos rins, fizeram o intestino grosso colapsar, esmagaram uma vértebra, deixaram queimaduras de primeiro grau no rosto e na cabeça e provocaram concussão e perdas de visão e audição. "Alfred, este ano foi muito difícil, mesmo antes de nos espatifarmos no avião", escreveu a Alfred Rice, que aparentemente questionou as deduções de impostos para o safári africano:

> Mas eu terei uma mina de diamantes se as pessoas me deixarem em paz e me deixarem tirar as pedras da lama azul e depois cortá-las e poli-las. Se conseguir fazer isso, vou ganhar mais dinheiro para o governo do que qualquer petroleiro do Texas que recebe depreciação. Mas levei uma

surra pior do que se pode levar e ainda continuar vivo, e eu deveria estar me ocupando constantemente com a minha melhora, e depois escrever e não pensar nem me preocupar com qualquer outra coisa.

"Os detalhes literais da escrita", disse Norman Mailer certa vez a um entrevistador, "envolvem a própria fisiologia ou metabolismo. Você começa de pé e tem que acelerar a si mesmo até chegar ao ponto em que o cérebro começa a funcionar, onde as palavras estão chegando — bem, e em ordem. Toda escrita é gerada por um mínimo de ego: você precisa assumir uma posição de autoridade para dizer que a maneira como estou escrevendo é a única maneira como isso aconteceu. O bloqueio do escritor, por exemplo, é simplesmente um fracasso do ego." Em agosto de 1956, Hemingway alertou Charles Scribner Jr. que tinha sido "impossível retomar o trabalho no livro da África sem uma escrita disciplinada", e por isso estava escrevendo contos.

Em novembro de 1958 ele mencionou para um de seus filhos que queria "terminar o livro" durante uma estadia de inverno em Ketchum, mas o "livro" em questão era agora "As coisas de Paris". Em abril de 1960 ele disse à Scribner para cortar o livro de Paris, ainda sem título, da lista do outono: "Muitas pessoas provavelmente vão pensar que não temos livro e que é como todos os esboços que Scott tinha e com os quais emprestou dinheiro e que ele nunca conseguiria terminar, mas você sabe que se eu não quisesse ter a oportunidade de torná-lo ainda melhor ele poderia ser publicado exatamente como você viu, com algumas correções na digitação de Mary". Dez meses depois, e cinco meses antes de sua morte, em uma carta escrita ao seu editor na Scribner entre as duas etapas de tratamento de choque administradas na Clínica Mayo em Rochester, Minnesota, o escritor tentou, de um modo alarmante, explicar o que estava fazendo:

> Tenho material organizado em capítulos — eles chegam ao 18 — e estou trabalhando no último — o *19* — também trabalhando no título. Isso é muito difícil. (Tenho uma lista comprida, como de costume — tem algo de errado com todos, mas estou trabalhando neles — Paris já foi usada tantas vezes que solapa qualquer coisa.) Em páginas datilografadas, eles somam 7, 14, 5, 6, 9 $\frac{1}{2}$, 6, 11, 9, 8, 9, 4 $\frac{1}{2}$, 3 $\frac{1}{2}$, 8, 10 $\frac{1}{2}$, 14 $\frac{1}{2}$, 38 $\frac{1}{2}$, 10, 3, 3: 177 páginas + 5 $\frac{1}{2}$ páginas + 1 $\frac{1}{4}$ páginas.

Eu me recordo de ter ouvido, alguns anos atrás, em um jantar em Berkeley, um professor de Literatura apresentar *O último magnata* como prova irrefutável de que F. Scott Fitzgerald era um escritor ruim. A segurança com que essa avaliação foi expressa me espantou de tal modo que, antes de conseguir fazer alguma objeção, deixei isso vazar para o pressuposto da noite. *O último magnata*, eu disse, é um livro inacabado, que não temos como avaliar por não conseguirmos saber de que modo Fitzgerald poderia tê-lo terminado. Mas é claro que temos, disse outro convidado, e outros se aproximaram: tínhamos as "anotações" de Fitzgerald, tínhamos o "esboço" de Fitzgerald, a coisa toda estava "desenhada". Apenas uma pessoa que estava na mesa naquela noite, em outras palavras, viu uma diferença substancial entre escrever um livro e fazer anotações para ele, ou "esboçá-lo", ou "estruturá-lo".

Para um escritor, a cena mais arrepiante já filmada deve ser aquele momento em *O iluminado* em que Shelley Duvall olha para o manuscrito em que o marido vem trabalhando e vê, datilografada várias e várias vezes, em cada uma das centenas de páginas, apenas a frase: "Muito trabalho e nenhuma diversão fazem de Jack um bobão". O manuscrito do que viria a ser *Verdade ao amanhecer* tinha, como foi deixado por Hemingway, cerca de 850 páginas. O manuscrito editado para publicação tem metade disso. Essa edição foi feita pelo filho de Hemingway, Patrick, que disse ter limitado sua edição a cortes (o que inevitavelmente resulta em alterar o que o autor pode ter pretendido, como sabe qualquer pessoa que já foi cortada), mudando apenas alguns dos nomes dos lugares, o que pode ou não ser uma reação lógica ao trabalho do homem que escreveu: "Havia muitas palavras que não se suportava ouvir e, por fim, apenas os nomes dos lugares tinham dignidade".

Essa questão sobre o que se deve fazer com aquilo que um escritor deixa inacabado nos leva de volta à — e é respondida de forma convencional pela — menção de algumas obras, que poderíamos ter perdido se os desejos moribundos de seus autores tivessem sido respeitados. A *Eneida*, de Virgílio, é mencionada. *O processo* e *O castelo*, de Franz Kafka, são mencionados. Em 1951, claramente eclipsado pela mortalidade, Hemingway julgou que determinados trechos de um longo romance em quatro partes, no qual ele trabalhara por vários anos, estavam suficientemente "terminados" para serem publicados após sua morte e especificou suas condições, que não incluíam a intrusão de qualquer mão editorial e excluía nomeadamente a publicação da primeira parte, inacabada. "As duas últimas partes não precisam de corte algum", escreveu a Charles Scribner em 1951. "A terceira parte precisa de muitos, mas é um trabalho muito cuidadoso realizado com bisturi, e não precisaria de cortes se eu estiver morto [...] O motivo de eu escrever para você dizendo que sempre se pode publicar as três últimas partes separadamente é que eu sei que você pode, se por causa de uma morte acidental ou qualquer outro tipo de morte eu não conseguir deixar a primeira parte pronta para publicação."

No ano seguinte, o próprio Hemingway publicou a quarta parte desse manuscrito separadamente, com o título de *O velho e o mar*. A "primeira parte" do manuscrito, a parte que ainda não está "pronta para a publicação", foi no entanto publicada, depois de sua morte, como parte de *As ilhas da corrente*. No caso do "romance africano", ou *Verdade ao amanhecer*, 850 páginas reduzidas pela metade por alguém que não o autor não conseguem chegar ao lugar a que o autor pretendia que chegassem, mas podem criar um gancho para um *talk show*, uma falsa controvérsia em torno da dúvida de se a parte do manuscrito em que o escritor, fazendo um safári, se casa com uma wakamba representa ou não um evento "real". A incapacidade crescente de muitos leitores de interpretar a ficção como qualquer outra coisa que não um *roman à clef*, ou como matéria-prima de uma biografia, é ao mesmo tempo saciada e incentivada. No anúncio da publicação do manuscrito, o *New York Times* chegou ao ponto espúrio de citar Patrick Hemingway dizendo o seguinte: "'Ernest Hemingway viveu essa experiência?', disse ele em sua casa em Bozeman, em Montana. 'Posso dizer, pelo que sei, e não sei de tudo, que não.'".

Trata-se de uma negação da ideia de ficção, assim como a publicação de uma obra inacabada é uma negação da ideia de que a função do escritor em sua obra é criá-la. Esses trechos de *Verdade ao amanhecer* já publicados podem ser lidos apenas como algo ainda não realizado, anotações, cenas no processo de serem estabelecidas, palavras estabelecidas mas ainda não escritas. Há vislumbres surpreendentes aqui e ali, fragmentos cortados para evitar o que o escritor deve ter visto como sua ruína, e um leitor bem-intencionado poderia muito bem acreditar que, se o escritor estivesse vivo (ou seja, se o escritor tivesse encontrado a vontade, a energia, a memória e a concentração), ele talvez pudesse ter dado forma ao material, ter escrito até chegar ao fim, ter feito a história funcionar da maneira como os vislumbres sugerem, a de um homem que volta para um lugar que amava e se vê, às três da manhã, enfrentando o fato de que ele não é mais a pessoa que amava aquilo e nunca mais será a pessoa que quis ser. Mas é claro que tal possibilidade teria sido, no fim das contas, específica para esse escritor, pois ele já havia escrito essa história, em 1936, e a chamado de "As neves do Kilimanjaro". "Ele nunca mais escreveria as coisas que tinha guardado para escrever quando soubesse o suficiente para escrevê-las bem", pensou o escritor em "As neves do Kilimanjaro" enquanto estava morrendo de gangrena na África. E então, essa outra reflexão, a história mais triste: "Bem, ele também não teria que falhar ao tentar escrevê-las".

1998

Todamulher.com

DE ACORDO com "The Web Guide to Martha Stewart — The UNOFFICIAL Site!" [O webguia de Marha Stewart — site não oficial!], criado por uma ex-aluna de pós-graduação chamada Kerry Ogata como uma "técnica para procrastinar a escrita da tese" e depois entregue para as pessoas que hoje o mantêm, a CEO e diretora da empresa Martha Stewart Living Omnimedia Ltda. (conhecida como "MSO" na Bolsa de Valores de Nova York) precisa, aos 58 anos, de apenas quatro horas de sono por noite e usa as horas que economizou para cuidar dos seus seis gatos e fazer jardinagem com o auxílio de uma lanterna, prefere usar computadores Apple no escritório e um PowerBook em casa, alterna entre a casa em Westport, as duas casas no East Hampton e o apartamento em Manhattan em uma GMC Suburban ("com motorista") ou em um Jaguar XJ6 ("que ela mesma dirige"), é a segunda de seis filhos e foi criada em uma família descendente de poloneses em Nutley, Nova Jersey, tem uma filha, Alexis, e sobreviveu a um "divórcio não amigável" depois de um casamento de 26 anos com Andrew Stewart ("Andy", no site), que depois do divórcio "casou-se com a antiga assistente de Martha, que é 21 anos mais jovem que ele".

Colaboradores da página "Opiniões" do site, como todos os bons amigos em todos os lugares, nutrem sentimentos contraditórios em relação à deserção de Andy, que aconteceu em 1987, enquanto Martha viajava para promover a revista *Martha Stewart Weddings*, cujo prefácio dava notícias possivelmente premonitórias do próprio casamento de 1961. "Eu era uma menina ingênua de dezenove anos, ainda estudava em Barnard e Andy estava começando a Faculdade de Direito de Yale, então parecia apropriado se casar na capela de St. Paul, em Colúmbia, em uma celebração episcopal, principalmente porque não tínhamos outro lugar para ir", escreveu ela, e incluiu uma fotografia mostrando o vestido de casamento que ela e a mãe tinham feito de organdi suíço bordado, que compraram na 38th Street West. Na internet, a situação de "Martha", "Andy" e até mesmo de "Alexis", que primeiro ficou do lado da mãe no divórcio, é debatida com uma familiaridade surpreendente. "Só para constar, eu não culpo Andy", observa um colaborador. "Acho que ele pegou tudo o que conseguiu. Acho uma pena que Alexis sentiu que tinha que escolher." Outro colaborador, outra opinião: "Eu trabalho cinquenta horas por semana e confesso que às vezes não tenho tempo para 'ser tudo o que posso ser', mas, quando começou, Martha trabalhava meio período, criava Alexis e cuidava da casa para aquele idiota do Andy (aposto que ele se arrepende de ter deixado ela)".

Ainda que "The UNOFFICIAL Site!" seja apenas isso, não oficial — "não associado a Martha Stewart, seus agentes, Martha Stewart Living Omnimedia Ltda. ou qualquer outra empresa Martha Stewart" —, a abordagem leve que faz da competência versátil de sua protagonista ("O que Martha não sabe fazer? De acordo com a própria Martha, 'voar de asa-delta, e odeio comprar roupas'") não deve ser interpretada de forma alguma como deslealdade para com os objetivos de Martha, que são, como explicou o prospecto preparado para a Oferta Pública Inicial da Martha Stewart Living Omnimedia em outubro passado, "oferecer nosso conteúdo e informação originais de 'como fazer' para o maior número possível de consumidores" e "transformar nossos consumidores em 'fazedores', oferecendo as informações e os produtos de que eles precisam para explorar sua engenhosidade no 'faça você mesmo' no melhor estilo Martha Stewart". Os criadores e usuários do "The UNOFFICIAL Site!" têm uma relação especial com o assunto em questão, assim como os criadores e usuários de outros sites não oficiais ou inventados por eles mesmos, todos com o mesmo espírito: a página "My Martha Stewart Page" [Minha página Martha Stewart], por exemplo, ou a "Gothic Martha Stewart" [Martha Stewart gótica], que aconselha adolescentes que moram com a família sobre como eles podem tornar os quartos mais "góticos" sem apavorar os pais ("Em primeiro lugar, não pinte tudo de preto") seguindo as dicas no estilo de Martha.

"Martha adora encontrar lençóis velhos e móveis discretamente gastos em mercados de pulgas", os usuários da página "Gothic Martha Stewart" são lembrados. "Ela costura muitas de suas roupas de ficar em casa. Ela experimenta técnicas diferentes de pintura em objetos pequenos e grandes. Ela adora flores, tanto as vivas quanto as secas […] e, mesmo que seu entorno pareça muito rico, muitas de suas ideias são criadas a partir de materiais simples e baratos, como restos de tecido e pratos de segunda mão." Para a criadora de "My Martha Stewart Page", é possível aprender até mesmo com a característica "extremamente controladora" de Martha quando ela expressa preocupação com a aparência do seu recipiente de detergente líquido; é uma fonte de ansiedade que se torna uma fonte de aprendizado: "Eu me preocupo com ela […] Claro que é essa estranheza que me faz amá-la. Ela me ajuda a entender que tudo bem ser assim — que tudo bem todo mundo ser assim […] Ela parece perfeita, mas não é. Ela é obsessiva. Ela é desequilibrada. Ela é supercontroladora, mais do que eu poderia sequer sonhar. E isso me ensina duas coisas: A) ninguém é perfeito; e B) tudo tem seu preço".

Há uma conexão incomum aqui, uma intimidade patenteada que burla os preceitos convencionais do merchandising em direção ao cerne da empresa, da marca, daquilo que Martha prefere chamar de "presença": as duas revistas (*Martha Stewart Living* e *Martha Stewart Weddings*) que, somadas, atingem dez milhões de leitores, os 27 livros que venderam 8,5 milhões de cópias, o programa de rádio durante a semana distribuído para 270 estações, a coluna "AskMartha" [Pergunte a Martha] publicada em 233 jornais, o programa de TV exibido seis dias por semana na CBS, a entrada semanal no programa matinal da CBS, o programa de TV a cabo *From Martha's Kitchen* [Direto da cozinha de Martha], o programa semanal mais bem-avaliado da Food Network entre as mulheres de 25 a 54 anos, o site (www.marthastewart.com) que tem mais de um milhão de usuários registrados e 627 mil acessos por mês, as vendas casadas com a Kmart e a Sears e a Sherwin-Williams (a Kmart vendeu sozinha, no ano passado, mais de um bilhão de dólares em mercadorias de marcas Martha Stewart), o comércio de catálogo Martha by Mail [Martha pelo correio], pelo qual cerca de 2.800 produtos (guirlandas, saquinhos para lembrancinhas, cookies prontos para confeitaria, formas para bolo em formato de coração, colher para servir sobremesa em formato de coração, kit de rosetas em formato de coração, panquequeira em formato de coração e kit de papelaria, para citar algumas das páginas do "Dia dos Namorados") podem ser encomendados, tanto nos próprios catálogos (onze edições por ano, quinze milhões de cópias) quanto em páginas da internet com layouts excepcionalmente convidativos e links sedutores.

Esses produtos não são baratos. O kit de papelaria contém cartões e fitas suficientes para fazer "cerca de quarenta" cartões de Dia dos Namorados, o que poderia ser considerado algo não muito vantajoso por 42 dólares, mais tempo e dedicação. Na página "Bolos e Boleiras", o set de estêncil para bolos Holiday, que consiste em oito padrões de estêncil de plástico de 22 centímetros para aplicar o açúcar de confeiteiro ou chocolate como decoração, é vendido por 28 dólares. Nas páginas "marthasflowers", 25 rosas-chá, vendidas por dezoito dólares a dúzia no Roses Only em Nova York, custam 52 dólares, e o maior dos dois "vasos sugeridos" para colocá-las (um exemplo da lógica de links do site), mais 78 dólares. Um kit de cinquenta círculos de tule de 22,5 centímetros para amarrar lembrancinhas de casamento, custa dezoito dólares, e as fitas galão para atá-los ("vendidos separadamente", outro link espontâneo) custam, na Coleção de Fitas Galão em seis cores, 56 dólares. No varejo, fitas galão custam centavos, e na Paron, na 57th Street West, em Nova York, que não é a loja mais barata, o tule de quase três metros de largura é vendido por quatro dólares o metro. Uma vez que a quantidade necessária de tule de quase três metros de largura para fazer cinquenta círculos de tule seria um pouco mais de um metro, o comprador online pode estar pagando apenas pelo *imprimatur* "Martha", cuja genialidade foi levar o conceito outrora familiar de "faça você mesmo" a um território até então desconhecido: um pouco para o leste do verdadeiro "faça você mesmo", um pouco para o oeste de pagar para Robert Isabell fazê-lo.

Nessa empresa bilionária, o único produto real, em outras palavras, é a própria Martha Stewart, uma situação incomum, reconhecida no prospecto preparado para a Oferta Pública Inicial (IPO, na sigla em inglês) de outubro, notavelmente bem-sucedido, da Martha Stewart Living Omnimedia. "Nosso negócio seria prejudicado se: a imagem pública ou reputação de Martha Stewart fossem manchadas", diz a seção "Fatores de risco" do prospecto. "Martha Stewart, bem como seu nome, sua imagem, as marcas registradas e outros direitos de propriedade intelectual relacionados a eles, são essenciais na nossa estratégia de marketing e constituem o cerne da nossa marca. Nosso sucesso ininterrupto e o valor da nossa marca dependem, portanto, em grande parte, da reputação de Martha Stewart."

Muito se discutiu na época do IPO o perigo de identificar completamente uma marca com um único ser humano vivo, e portanto vulnerável, e ficou em aberto a questão do que aconteceria com a Martha Stewart Living Omnimedia se Martha Stewart ficasse doente ou morresse ("a diminuição ou perda dos serviços de Martha Stewart", nas palavras do prospecto). "Isso sempre foi uma questão para nós", disse Don Logan, presidente da Time Inc., ao *Los Angeles Times* em 1997, poucos meses depois de Stewart conseguir levantar "capital gerado internamente" suficiente, como ela chamou, 53,3 milhões de dólares, para comprar a sua liberdade da Time Warner, que vinha resistindo à expansão de um negócio construído inteiramente em torno de uma única pessoa. "Acho que agora estamos muito bem espalhados em uma área onde podemos confiar nossas informações", sustentou a própria Stewart, e parece ter ficado claro que a própria expansão e a repetição do nome que havia deixado a Time Warner nervosa — cada item "Martha Stewart" vendido, cada comercial de "Martha Stewart Everyday" que ia ao ar — estavam servindo, de maneira paradoxal, para afastar a marca da possível perda da personalidade que está por trás dela.

A pergunta sobre o que aconteceria se "a imagem pública ou reputação de Martha Stewart fossem manchadas" parecia menos preocupante, já que, de uma maneira pragmática, a pergunta sobre a possibilidade de manchar a imagem pública ou reputação de Martha Stewart já tinha sido respondida com a publicação, em 1997, e a presença na lista de best-sellers do *New York Times* de *Just Desserts* [Apenas sobremesas], uma biografia não autorizada de Martha Stewart escrita por Jerry Oppenheimer, cujos livros anteriores eram biografias não autorizadas de Rock Hudson, Barbara Walters e Ethel Kennedy. "O bichinho da investigação me picou", escreveu Oppenheimer no prefácio de *Just Desserts*. "Se as histórias dela fossem verdadeiras, eu antevi um livro sobre uma mulher perfeita que levou a perfeição para as massas. Se as suas histórias não fossem verdadeiras, eu antevi um livro que destruiria mitos."

Picado pelo bichinho da investigação, Oppenheimer descobriu que Martha era "obstinada". Além disso, Martha às vezes "não contava todos os lados da história". Ela poderia ser "uma verdadeira megera" quando as coisas não saíam como planejado, embora o argumento de Oppenheimer em relação a esse ponto indique, na pior das hipóteses, que os dois lados tinham razão. Martha teria "começado a gritar", por exemplo, quando um colaborador do bufê deu marcha a ré no carro e passou por cima da cesta de piquenique Shaker "sem defeitos" que ela tinha acabado de preparar com as próprias tortas de mirtilo. Da mesma forma, diz-se que Martha "surtou completamente" quando um incêndio no fumeiro interrompeu a gravação de um especial de férias e ela descobriu que a mangueira que ela havia arrastado pessoalmente para o fumeiro ("seguida por várias pessoas indiferentes da equipe, familiares que dissimulavam sua preocupação, assistentes de cozinha dando risadinhas e um jardineiro brasileiro machão") era curta demais para alcançar as chamas. Depois de correr de volta para casa, pegar uma extensão para a mangueira e apagar o fogo, Martha, para alguns muito compreensivelmente, falou com o jardineiro, "que ela demitiu ali mesmo, na frente de todos, depois que ele retrucou".

Outros defeitos que ele intuiu incluem a idealização de sua vida familiar da infância (p. 34), o fato de embelezar "tudo" (p. 42), a omissão de um ingrediente-chave quando um fornecedor concorrente pré-adolescente pediu sua receita de bolo de chocolate (p. 43), dizer aos leitores de *Martha Stewart Living* que, quando era jovem, ela "buscou descobrir o segredo para a boa literatura", mesmo que "uma amiga próxima" tenha contado que ela tinha "devorado apaixonadamente" os romances de Nancy Drew e Cherry Ames (p. 48), ter errado a grafia de "desprezível" em uma resenha sobre *A feira das vaidades*, de William Makepeace Thackeray, para a revista literária do Colégio Nutley (p. 51), ter que perguntar o que era Kwanza em uma participação, em 1995, no *Larry King Live* (p. 71), e não apenas ter desejado um diamante de noivado maior do que aquele que Andy havia escolhido para ela na Harry Winston, mas ter conseguido comprá-lo, a um preço melhor, no bairro dos diamantes (p. 101). "Isso deveria ter disparado o alerta", disse um "amigo de longa data" a Oppenheimer. "Quantas mulheres fariam algo assim? Foi um mau presságio."

Esse ajuntamento de puerilidades e economias insignificantes para convertê-las em falhas de caráter (uma antiga assistente do bufê que Martha teve em Westport na década de 1970 apresenta a acusação condenatória: "Nada era jogado fora [...] A filosofia de Martha era a mesma de alguém que comeu metade do bife no restaurante e diz ao garçom 'Ah, pode embrulhar, vou levar para casa'") continua por 414 páginas, quando Oppenheimer, no auge do seu afã de destruição de mitos, revela seu trunfo, "um manifesto corporativo sinistro" que "de alguma forma vazou do escritório de Martha e percorreu o caminho da mesa de um executivo da Time Inc. para outra, até chegar em algum momento em uma máquina de Xerox e de lá para o mundo [...] O papel branco, preenchido pelo que foi descrito como um fluxograma incompreensível, dizia, parcialmente":

Do ponto de vista de Martha, o valor compartilhado das empresas MSL é altamente pessoal — refletindo seus objetivos, crenças, valores e aspirações individuais [...] Pode-se conquistar o "jeito de Martha" porque ela nos coloca em contato direto com tudo o que precisamos saber e nos diz/nos mostra exatamente o que temos que fazer [...] As empresas MSL baseiam-se na ideia de que a própria Martha é tanto uma líder quanto uma professora [...] Enquanto as fileiras de "discípulos de ensino" dentro da MSL podem crescer e se ampliar, sua autoridade repousa na associação direta com Martha; o trabalho deles deriva da abordagem e das filosofias dela; e as técnicas, produtos e resultados deles cumprem suas expectativas [...] A revista, os livros, as séries de televisão e outras fontes de distribuição são apenas veículos para possibilitar a comunicação pessoal com Martha [...] Ela não é, e não se permite ser, uma imagem institucional e uma invenção como Betty Crocker [...]

Ela é o centro da criação e da gestão... Ouvindo Martha e seguindo sua liderança, podemos alcançar resultados reais também em nossas casas — como ela tem alcançado [...] É fácil de fazer. Martha já "descobriu" como. Ela nos pegará pela mão, em pessoa, e nos mostrará como fazê-lo.

Oppenheimer interpreta esse memorando surrupiado, ou declaração de missão, como sinistro, equivalente ao massacre de Kool-Aid na Guiana ("A partir de sua redação, alguns se perguntaram se o mundo de Martha estava mais para uma Jonestown gentrificada do que para feliz dona de casa"), mas ele é, na verdade, uma análise inofensiva e precisa do que faz a empresa ser bem-sucedida. A Martha Stewart Living Omnimedia LLC estabelece uma relação em um nível que transcende os serviços de mesa e os detalhes de decoração absurdamente trabalhosos e, em muitos casos, proibitivamente caros (a "coroa de bico-de-papagaio feita inteiramente de fita", exibida em um programa de dezembro, exigiria "algumas horas" até mesmo de um fabricante aplicado, segundo admitiu a própria Martha, e, "se você usar a melhor fita do mercado, duzentos ou trezentos dólares"), sobre os quais o presidente da empresa burila seis manhãs por semana na CBS. Não cria uma relação também por meio de suas receitas, que vêm dos livros de receitas da Sunbelt Junior League (mimosas de toranja, pastéis de maçã e queijo e s'mores à moda do Sudoeste são algumas receitas da edição mais recente de *Martha Stewart Entertaining*), refletindo a culinária caseira de classe média norte-americana como ela era nos anos do pós-guerra. Em uma receita de Martha Stewart, não existe, por exemplo, a lógica e a confiança transformadoras de Elizabeth David, nada do domínio técnico de Julia Child.

Em vez disso, o que existe é "Martha", foco total, estabelecendo uma "relação pessoal" com o espectador ou o leitor, mostrando, contando, liderando, ensinando, "adorando" quando o vinagrete mais simples possível, batido em um vidro, emulsifica ali na tela. Ela se apresenta não como uma autoridade, mas como a amiga que "descobriu como fazer", a vizinha empreendedora, ainda que por vezes frenética, que não vai perder a oportunidade de compartilhar uma nota de rodapé instrutiva.

"A caneleira-verdadeira", vai aprender o leitor de *Martha Stewart Living*, "veio originalmente da ilha que hoje se chama Sri Lanka", e "na época do Império Romano [...] seu valor em prata correspondia a quinze vezes o seu peso". Em um segmento televisivo sobre como servir champanhe, Martha avisará seus telespectadores que a maior garrafa de champanhe, o Balthazar, foi nomeada em homenagem ao rei da Babilônia, "que viveu entre 555 e 539 a.C.". Enquanto explica como decorar a casa para as festas com o tema "Os Doze Dias de Natal", Martha vai incluir um brilho duvidoso, mas sem dúvida útil, uma maneira de a decoradora se ver fazendo algo mais significativo do que pintar ovos de papel prensado com duas ou três camadas de tinta acrílica semibrilhosa branca, seguidas por mais duas ou três demãos de verniz acrílico amarelo, finalizando com fita e miçangas: "Sendo o ovo tão claramente associado à nova vida, não surpreende que os 'six geese a-laying' [seis gansos pondo ovos] representem os seis dias da Criação na canção natalina".

A mensagem que Martha está realmente passando, o motivo pelo qual um grande número de mulheres americanas considera que assisti-la é uma experiência reconfortante e inspiradora, parece não ser muito bem compreendida. Uma enxurrada de trabalhos acadêmicos sobre o significado cultural de seu sucesso já foi realizada (no verão de 1998, o *New York Times* noticiou que "cerca de duas dezenas de pensadores distribuídos pelos Estados Unidos e Canadá" estavam produzindo estudos tais como *A Look at Linen Closets: Liminality, Structure and Anti-Structure in Martha Stewart Living* [Um olhar para o roupeiro: Liminaridade, estrutura e antiestrutura em Martha Stewart Living] e localizando "o medo da transgressão" nas "imagens recorrentes de cercas, sebes e muros de jardim" na revista), mas tanto no vínculo que ela cria quanto na indignação que provoca resta algo que não foi abordado, algo pungente, como um apito de cachorro, alto demais para a análise de texto tradicional. A indignação, que por vezes atinge níveis surpreendentes, se concentra no equívoco de que ela teria, de alguma forma, enganado os fãs, de modo que eles não percebam a ambição que os levou a prestar atenção nela. Para seus detratores, ela parece representar uma fraude a ser revelada, um erro a ser corrigido. "Ela é uma águia", declarou um em *Salon*. "Quanto mais tem, mais ela quer. E quer que seja do jeito dela e no mundo dela, não nos territórios do clube do bolinha, de imóveis ou tecnologia, mas na delicada terra de corações de papéis rendados e bolos de casamento."

"Não acredito que as pessoas não enxergam a ironia no fato de esse 'suprassumo da dona de casa' ter construído um império multimilionário assando biscoitos e vendendo roupa de cama", diz uma postagem no "fórum permanente" sobre Martha na *Salon*. "Li uma entrevista na *Wired* em que ela disse que chega em casa às onze da noite quase todos os dias, o que significa que ela obviamente é ocupada demais para ser a mãe/esposa/dona de casa perfeita — um papel a cujas expectativas muitas mulheres pensam que precisam corresponder por causa da imagem projetada pela MS." Outro leitor vai direto ao ponto: "Não tinha um burburinho algum tempo atrás sobre Martha ter roubado o namorado da filha?". A resposta: "Acho que essa era Erica Kane. Sabe, quando ela roubou o namorado de Kendra. Acho que você está confundindo as duas. Para falar a verdade, por que alguém namoraria MS? Ela parece ser tão frígida que a minha televisão fica até gelada quando ela aparece". "O problema é que Stewart é tão genuína quanto Hollywood", acusa alguém que escreve em *The Scotsman*. "Pode parecer que ela está emitindo um canto da sereia nostálgico, convocando para um retorno aos cuidados domésticos no estilo dos anos 1950, com uma elegância contemporânea, mas ela não estaria na verdade mandando uma mensagem enganadora — pressionando as mulheres americanas a alcançar a perfeição impossível em mais uma esfera, na qual, ao contrário das mulheres comuns, ela mesma conta com legiões de ajudantes?"

Toda essa noção de "mãe/esposa/dona de casa perfeita", do "canto da sereia nostálgico convocando para um retorno aos cuidados domésticos no estilo dos anos 1950", é um completo mal-entendido em relação ao que Martha Stewart realmente transmite, à promessa que ela faz a seus leitores e espectadores, que é a de que saber fazer em casa se traduzirá em poder fazer fora dela. Aquilo que ela oferece, e que uma ajuda profissional, revistas de culinária e programas não o fazem, é a promessa de passar o maná adiante, passar a sorte adiante. Ela projeta um nível de bom gosto que provoca uma transformação nos detalhes ornamentados, muitas vezes sem sentido, daquilo que ela está realmente fazendo. A possibilidade de sair da casa, agora melhorada, e adentrar o éter excitante do mundo executivo, de fazer o que Martha faz, é apresentada com nitidez: "Hoje eu, uma única pessoa, tenho seis números pessoais de fax, catorze números de telefone pessoal, sete números de telefone móvel para o carro e dois números de telefone celular", disse ela aos leitores de *Martha Stewart Living*. Em 19 de outubro, na noite de seu triunfante IPO, ela explicou no *Charlie Rose Show* a gênese da empresa. "Eu estava satisfazendo um desejo — não só meu, mas de toda dona de casa, que era valorizar esse trabalho da dona de casa", disse ela. "Era como ficar chafurdando, eu acho. Todas nós queríamos fugir disso, sair de casa, conseguir aquele emprego bem pago e pagar alguém para fazer tudo isso que não achávamos realmente digno da nossa atenção. E de repente eu entendi: isso era incrivelmente digno de nossa atenção."

Pense um pouco sobre isso. Ali estava uma mulher que havia valorizado "aquele trabalho de dona de casa" a tal ponto que até mesmo seu GMC Suburban veio equipado com um gravador de voz Sony MZ-B3 para ditar textos, um gravador Sony ICD-50 para mensagens curtas e um conjunto de TV Watchman FDL-PT22, além de telefones, além de um PowerBook. Ali estava uma mulher cuja ideia sobre como se vestir para "aquele trabalho de dona de casa" envolvia Jil Sander. "Jil respondeu às necessidades de pessoas como eu", ela teria dito, segundo o "The UNOFFICIAL Site!". "Sou ocupada; eu viajo muito; quero ficar bonita em uma foto." Ali estava uma mulher que naquela manhã de outubro foi levada até o "big board" da Bolsa de Valores para distribuir brioches e suco de laranja espremido debaixo de um toldo listrado, enquanto Morgan Stanley Dean Witter e Merrill Lynch e Bear Stearns e Donaldson, Lufkin & Jenrette e o Banc of America Securities aumentaram para 614 milhões de dólares o valor das ações pessoais dela na empresa que ela mesma tinha inventado. Isso não se encaixa em algum "canto de sereia nostálgico" convocando para um retorno aos "cuidados com a casa" que tomou conta dos Estados Unidos durante os anos do pós-guerra, quando a conversão da indústria para a produção em tempos de paz exigiu a criação de um mercado para eletrodomésticos, mas Martha foi a primeira a dividir esse momento com seus leitores.

"O clima era festivo, a comunidade empresarial, receptiva, e as ações começaram a ser negociadas com o novo símbolo MSO", ela confidenciou em sua "Carta da Martha" na edição de dezembro da *Martha Stewart Living*, e lá, nas entrelinhas, estava a promessa da declaração da missão: *É fácil de fazer. Martha já "descobriu como se faz". Ela vai nos pegar pela mão, em pessoa, e mostrar como se faz.* No fim das contas, aquilo que ela vai mostrar como se faz é um pouco mais revigorante do que o projeto medíocre de uma coroa de bico-de-papagaio: "O processo foi extremamente interessante, desde definir exatamente o que era a empresa (uma 'empresa multimídia integrada' com potencial promissor na internet) até criar um prospecto complicado e extenso, que foi analisado e reanalisado (apenas para ser novamente analisado pela Comissão de Valores Mobiliários) para vender a empresa em um tour que nos levou para mais de vinte cidades em catorze dias (tão longe quanto a Europa)". Isso é sair de casa vingada, e nas suas próprias condições, o sonho secreto de qualquer mulher que já transformou uma feira de bolos da associação de pais e mestres em um sucesso. "Você poderia engarrafar e vender esse molho de pimenta", dizem os vizinhos às cozinheiras por todos os Estados Unidos. "Você poderia ganhar muito dinheiro com essas bolachinhas." Você poderia engarrafar, você poderia vender, você consegue sobreviver quando tudo mais der errado: eu mesma acreditei durante a maior parte da minha vida adulta que poderia sustentar a mim e a minha família, em uma situação catastrófica de não ter qualquer outra fonte de renda, trabalhando com serviço de bufê.

Ou seja, o "significado cultural" do sucesso de Martha Stewart reside profundamente no sucesso em si, e por isso até mesmo os problemas e desafios que ela enfrenta fazem parte da mensagem, não em detrimento, mas como essência da marca. Ela criou uma marca não como uma Supermulher, mas como uma Todamulher, uma diferença que ainda parece pouco clara para seus detratores. A própria Martha entende isso e fala de si mesma na imprensa como se estivesse tentando alcançar a sua amiga mais antiga. "Sacrifiquei família, marido", disse em uma conversa promovida pela *Fortune* em 1996 com Charlotte Beers, ex-CEO da Ogilvy & Mather e membro do conselho de administração da Martha Stewart Living Omnimedia, e Darla Moore, presidente da empresa de investimentos de Richard Rainwater e inventora do *DIP financing* para empresas em falência. O tom dessa conversa foi estranho, muito mais confessional do que um diálogo médio entre executivos sêniores conscientes de estarem sendo gravados pela *Fortune*. "Não fui eu quem quis", Martha revelou sobre seu divórcio. "Foi ele quem quis. Mas estou tão feliz que aconteceu. Levei muito tempo para perceber que ele me libertou para fazer mais coisas. Acho que não teria conquistado o que tenho hoje se tivesse continuado casada. De forma alguma. E isso me permitiu fazer amigos que sei que nunca teria tido."

Os leitores de Martha entendem seu divórcio, tanto a dor quanto o lado positivo que envolve. Eles deram força para ela naquele momento, assim como fizeram nas suas negociações com a Comissão de Valores Mobiliários, no seu tour por vinte cidades, no seu sucesso em Wall Street. Essa relação entre Martha e seus leitores é muito mais complicada do que contam as muitas paródias e piadas sobre isso. "Se não crescem em árvores frutíferas (bem, alguns crescem), os fãs podem ser encontrados em qualquer lugar dos Estados Unidos: shoppings, lojas de departamento Kmart, conjuntos habitacionais e estacionamentos de trailers, casas de dois andares, prédios estilo Tudor e motor casas", diz Martha na paródia *Martha Stuart's Better Than You at Entertaining* [Martha Stuart é melhor que você em entreter], da Harper-Collins. "Em todo lugar que houver mulheres insatisfeitas com a forma como vivem, com quem são e quem não são, você encontrará fãs meus em potencial." Essas paródias são interessantes: muito genéricas, misóginas de um jeito cartunesco (tirar a roupa de Martha, deixando-a apenas com a roupa de baixo, tem sido um motivo garantido em inúmeras paródias na internet), curiosamente nervosas ("Keeping Razors Circumcision-Sharp" [Mantendo a navalha afiada o bastante para fazer uma circuncisão] é um quadro de *Martha Stuart's Better Than You at Entertaining*), estranhamente desconfortáveis, um pouco empenhadas demais em marginalizar um número bastante considerável de mulheres desmerecendo suas situações e aspirações.

Algo ali soa ameaçador, e basta olhar para "The UNOFFICIAL Site!", cujo foco subliminar está em outro lugar que não os cuidados com a casa, para perceber o quê. Aquilo que faz de Martha "um bom modelo em muitos aspectos", escreve um colaborador, é que "ela é uma mulher forte que está no comando, e ela realmente mudou a maneira como nosso país, se não o mundo, vê o que era chamado de 'trabalho feminino'". Uma criança de onze anos escreveu: "Ser bem-sucedido é uma coisa importante […]

É divertido dizer: 'Quando eu me tornar Martha Stewart, vou ter tudo que Martha tem'". Mesmo um colaborador que admite ser "alguém essencialmente antiMartha" admira sua "inteligência" e seu "ímpeto", a maneira como essa "excelente chef, padeira, jardineira, decoradora, artista e empresária" mostrou o que precisou fazer "para chegar aonde chegou, onde a maioria dos homens não está nem consegue chegar [...] Ela é dona da própria empresa, que tem o nome dela, da própria revista, do próprio programa".

Um grande interesse e admiração pela sua perspicácia empresarial permeia o site. "Sei que as pessoas se sentem ameaçadas pela possibilidade de Martha e a Time Warner Inc. estragarem uma 'coisa boa' se deixarem Martha e seu império seguirem em frente num futuro próximo", escreveu um colaborador do "The UNOFFICIAL Site!" na época em que Stewart estava tentando sair da Time Warner. "Apoio Martha em tudo o que ela faz e aposto que se fosse um homem querendo associar seu nome a tudo o que faz... isso não seria uma questão." As próprias palavras desses leitores e espectadores contam o que eles veem em Martha: Martha está *no comando*, Martha está *onde a maioria dos homens não está nem consegue chegar*, Martha é *dona de sua própria revista*, Martha é *dona de seu próprio programa*, Martha não apenas é *dona de sua própria empresa* como esta *tem o nome dela*.

Esta não é a história de uma mulher que fez o melhor que pôde com suas habilidades tradicionais. Esta é a história de uma mulher que fez o próprio IPO. Esta é a história do arrojo de uma mulher, a história de uma tempestade de areia, a história de deixar a criança que você foi para trás, a história de "eu nunca mais vou passar fome", a história de Mildred Pierce, a história de como até a garra de mulheres não qualificadas profissionalmente pode prevalecer, como mostram os homens; a história que tem incentivado mulheres neste país historicamente, ainda que ameace os homens. Os sonhos e medos de que Martha Stewart se serve não são o da domesticidade "feminina", mas o do poder feminino, da mulher que se senta à mesa com os homens e, ainda de avental, vai embora com as fichas.

2000

Este livro foi impresso pela Exklusiva, em 2023,
para a HarperCollins Brasil. O papel do miolo é o pólen
bold 90g/m^2 e o da capa é cartão 250g/m^2.